믿음에 타협은 없다

Originally published in English under the title

THE DANGERS OF A SHALLOW FAITH

by A.W. Tozer

Copyright ⓒ 2012 by James L. Snyder
Published by Regal Books,
a division of Gospel Light,
1957 Eastman Avenue,
Ventura, CA 93003, U.S.A.
All rights reserved.
Korean Translation Copyright ⓒ 2012 by Kyujang Publishing Company

본 저작물의 한국어판 저작권은 저작권자와의 독점계약으로 규장이 소유합니다.
저작권법에 의하여 한국 내에서 보호를 받는 저작물이므로
무단 전재와 무단 복제를 금합니다.

A. W. 토저 마이티 시리즈(A. W. TOZER Mighty Series)

토저는 교인수의 성장을 위해서라면 대중의 인기에 야합하고, 거대 기업의 경영방식을 무차별 차용하고, 할리우드 엔터테인먼트 방식을 예배에 도입하는 것에 대해 통렬한 비판을 가하였다. 그는 현대의 교회가 물량적 성장을 위해서라면 교회의 순결성을 포기하는 듯한 자세를 보일 때는 그것을 좌시하지 않고 언제나 선지자의 음성을 발하였다. 듣든지 안 듣든지 이스라엘 교회의 세속화를 준열히 책망했던 예레미야처럼, 토저도 시대에 아부하지 않고 하나님교회의 순정성(純正性)을 파수하기 위해 '강력한'(Mighty) 말씀을 선포했다. 그래서 토저는 '이 시대의 선지자'라는 평판을 들었다. 토저가 신앙의 개혁을 위해 외쳤던 뜨겁고 강력한 메시지를 이 시대의 우리도 들어야 한다. 말씀과 성령에 의한 개혁이 절실히 필요한 이때, 규장에서 토저의 강력한(Mighty) 메시지들을 'A. W. 토저 마이티(Mighty) 시리즈'로 출간한다.

"토저의 설교는 설교단에서 발사되어 청중의 마음을 관통하는 레이저 광선과 같다." - 워런 위어스비

믿음에 타협은 없다

A. W. 토저 지음 | 이용복 옮김

규장

추천의 글

영문판 편집자의 글

1 얕은 믿음을 버리라
PART

chapter 01   종교적 껍데기를 버리고 믿음의 본질로 돌아가라   20

chapter 02   세상으로부터 하나님의 대용품을 찾지 말라   39

chapter 03   잠에 취해 있는 가엾은 당신의 영혼을 깨워라   55

chapter 04   퇴보하는 신앙의 원인은 냉랭한 마음에 있다   71

chapter 05   자신의 행위를 살피고 생명의 길을 선택하라   88

PART 2 세상과 타협하지 말라

chapter 06	우리의 영적 삶을 위협하는 세상을 거부하라	106
chapter 07	세상이 주는 승리와 패배에 연연하지 말라	120
chapter 08	헛된 것에 묶여 있지 말고 진정한 자유를 누려라	135
chapter 09	빈둥거림과 분주함의 함정에서 빠져나오라	154
chapter 10	재물이 주는 희열과 든든함을 경계하라	170
chapter 11	할 일 미루는 자에게 결코 승리의 기회는 없다	187

PART 3 진짜 믿음으로 나아가라

chapter 12	우리의 마음을 조종하려는 세상의 소리를 거부하라	204
chapter 13	하나님을 진정으로 만나고 있는지 점검하라	220
chapter 14	능력의 기도 없이 영적 전투에서 승리할 수 없다	238
chapter 15	영적 무감각에서 벗어나 목적 있는 삶을 살라	259

| 추천의 글 |

오직 하나님만
더 깊이 갈망하라!

주님의 뜻만 행하는 삶

이 책에 담긴 A. W. 토저의 메시지는 오늘날 교회에 몸담고 있는 많은 사람들이 반드시 들어야 할 메시지이다. 하나님께서 우리를 부르신 것은 하나님과 '깊은 교제'를 나누며 동행하는 삶을 살도록 하기 위함이다. 그런데 우리 가운데 많은 이들이 단지 하나님과의 '얕은 교제'에만 만족하고 있다.

이 책은 우리가 그리스도를 위해 살아가려면 삶의 어떤 부분들을 포기해야 한다고 가르칠 뿐만 아니라 하나님을 더욱 깊이 알아가도록 격려한다. 토저의 메시지에 담긴 진리를 알 때 우리는 하나님에 대한 현재 수준의 이해에 만족하지 못할 것이다. 하나님은 그분의 비밀의 경륜을 찾길 원하는 열정의 불이 우리 안에서 계속 타오르게 하기를 원하신다. 하나님은 그분을 찾는 자들에게 그분의 비밀의 경륜을 드러내겠다고 약속하셨다.

나는 교회를 세우기 위해 목사 안수(按手)를 주거나 목회자를 파송할 때마다 토저가 안수 받을 때 그가 드린 기도를 되새긴다.

"저는 당신의 뜻을 행하는 종입니다. 당신의 뜻이 지위나 재물이나 명예보다 내게 더 소중하기 때문에 저는 하늘과 땅의 그 무엇보다 당신의 뜻을 선택합니다. 제가 당신께 선택받아 높고 거룩한 소명(召命)을 받게 되었지만 제가 먼지와 재에 불과하다는 사실을 잊지 말게 하소서. 제가 온 인류를 괴롭히는 인간적 결점과 정욕으로 가득한 인간에 불과하다는 것을 늘 기억하게 하소서.

그러므로 당신께 기도하오니 내 주 내 구속자시여, 저를 제 자신으로부터 구원하소서. 다른 사람들을 돕겠다는 내 노력이 오히려 그들에게 해(害)가 되지 않게 하소서. 성령의 능력이 저를 충만케 하시면 제가 당신의 능력에 의지하여 세상에 나아가 당신의 의(義)에 대해, 오직 당신의 의에 대해서만 증언하겠습니다. 제 정신적 및 육체적 능력이 허락하는 동안 저는 당신의 구속(救贖)의 사랑의 메시지를 널리 전하겠습니다."

하나님을 깊이 체험하라

비록 짧지만 이 기도는 사명에 임하는 토저의 겸손한 마음을 매우 잘 드러낸다. 믿음으로 충만하면서도 극단으로 흐르지 않는 토저의 깊은 영성은 사명에 임하는 자의 자세가 어떠해야 하는지를 잘 보여준다. 하나님의 지고(至高)의 사랑을 누리면서 동시에 그분을 그토록 깊이 체험한 토저와 같은 하나님의 사람은 역사상 그렇게 많지 않다.

토저의 글은 목회자만을 위한 것이 아니다. 나는 하나님을 찾길 갈망하는 모든 사람에게 이 책을 권한다. 제임스 스나이더 목사는 토저의 메시지의 깊이와 높이를 잘 드러내는 자료를 수집하는 어려운 일을 능숙하게 해냈다. 그가 앞으로 오는 세대들을 위해 그 자료를 정리하여 책으로 펴낸 것에 대해 깊이 감사한다. 토저의 메시지는 역사 기록보관소에 묻혀 있어서는 안 되고, 현대 교회에 의미 있는 진리로 계속 선포되어야 한다.

이 책을 읽을 때 당신이 은혜와 도전을 받아 그리스도를 깊이 알게 되기를 나는 기도한다.

월드 챌린지 대표
게리 윌커슨

| 영문판 편집자의 글 |

얕은 믿음의
위험성을 직시하라!

거짓 믿음에 속지 말라

교회의 역사를 보면 자칭 선지자들이 많이 등장한다. 그들에 대한 이야기를 들을 때마다 나는 하나님께서 신명기에서 이스라엘 민족에게 주신 명령을 머릿속에 떠올리지 않을 수 없다. 하나님께서는 "만일 선지자가 있어 여호와의 이름으로 말한 일에 증험도 없고 성취함도 없으면 이는 여호와께서 말씀하신 것이 아니요 그 선지자가 제 마음대로 한 말이니 너는 그를 두려워하지 말지니라"(신 18:22)라고 말씀하셨다.

누군가 나서서 자기가 선지자라고 주장하는 것이 교회에 해를 끼칠 수도 있다. 성경에 나오는 모든 사역들 중에서 가장 쉬운 사역은 하나님의 예언의 말씀을 말하지 않는 자를 구별해내는 것이다. 아마도 사도 바울은 이것을 염두에 두고 다음과 같이 말했을지도 모른다.

"예언하는 자는 둘이나 셋이나 말하고 다른 이들은 분별할 것이요 만일 곁에 앉아 있는 다른 이에게 계시가 있으면 먼저 하던 자는 잠잠할지니라 너희는 다 모든 사람으로 배우게 하고 모든 사람으로 권면을 받게 하기 위하여 하나씩 하나씩 예언할 수 있느니라 예언하는 자들의 영은 예언하는 자들에게 제재를 받나니 하나님은 무질서의 하나님이 아니시요 오직 화평의 하나님이시니라"(고전 14:29-33).

불행하게도, 현재 교회 안의 많은 사람들은 자신을 가리켜 선지자라고 주장하는 사람을 무조건 받아들이는 것 같다. 사람들은 자칭 선지자의 말이 현실에서 이루어지는지를 보지 않고 단순히 그의 말 한마디 한마디에 매달린다. 그의 화려한 언변에 매료당해 그의 말을 무조건 받아들인다.

그러나 성경의 진정한 선지자들은 결국 현실로 이루어질 것을 예언했다. 구약의 선지자들은 장차 일어날 일을 예언했다. 신약의 선지자들은 교회의 위기를 해결하는 일을 주로 했다.

신약의 선지자들은 교회에 침투한 이단과 오류를 지적하고 그리스도를 바라보라고 촉구함으로써 문제 해결에 기여했다. 그런데 그들은 정확히 꿰뚫어보고 분명히 지적했지만, 그들의 공로를 알아주는 사람들은 좀처럼 없었다. 이런 현상에 대해 예수님은 "선지자가 자기 고향과 자기 집 외에서는 존경을 받지 않음이 없느니라"(마 13:57)라고 날카롭게 지적하셨다.

진정한 선지자의 말에 귀 기울이라

영적 진단을 제대로 하고 정확히 지적한 선지자를 꼽으라면 단연 토저를 얘기하지 않을 수 없다. 토저는 이 책의 앞부분에서 이렇게 단언한다.

THE DANGERS of
A SHALLOW FAITH

"지금이 워낙 위태로운 상황이기 때문에 나는 어금니를 꽉 깨물며 이렇게 예언하지 않을 수 없다. 성령에 의해 영적 눈을 뜬 모든 거룩한 사람들이 '세속적 복음주의'에 빠져 있는 교회를 하나씩 하나씩 떠나는 날이 이를 것이다! 그날이 이르면 교회는 황량해질 것이고, 하나님의 사람, 즉 성령을 자기 안에 모신 사람이 교회에 남아 있지 않을 것이다!"

그런데 유감스럽게도, 현재의 기독교를 보면 그의 예언이 지금 현실이 되어가고 있다는 생각을 떨쳐버릴 수 없다.

구약시대의 진정한 선지자들의 말을 당시 사람들이 귀로는 들었지만 마음으로는 듣지 않았듯이, 오늘날 교회는 토저의 예언을 귀로는 들었지만 마음으로는 듣지 않았다.

교회를 향한 토저의 비판은 악의에서 나오지 않고 오히려 그리스도의 몸인 신자들을 향한 깊은 사랑에서 나왔다. 그는 교회를 근시안적 관점에서 보지 않고 긴 관점에서 보았다. 그런 그의 관점은 세월이 흘러도 절대 변하지 않는 성경의 진리에 뿌리박고 있었다. 그는 그 시대 교회의 많은 문제들이 몇 세대 전에 믿음의 조상들이 직면했던 교회의 문제들과 똑같다고 진단했다. 동일한 문제들이 시대마다 되풀이되는 것에 대해 옛 전도자는 "이미 있던 것이 후에 다시 있겠고 이미 한 일을 후에 다시 할지라 해 아래에는 새 것이 없나니"(전 1:9)라고 말했다.

  토저가 교회의 영적 성장을 방해하는 일이 교회 안에서 일어나는 것을 보았을 때 분노를 느끼고 강하게 반발한 것은 당연한 일이었다. 하지만 그는 반발로 끝나지 않고 언제나 교회의 위기를 정확히 진단하고 해결 방법을 제시했다. 그는 성경적 해결 방법, 즉 그리스도 중심적 해결 방법을 교회에 말해주었다.

세상과 구별된 진짜 그리스도인

  이 책에서 그가 진단한 교회의 위험의 본질은 '얕은 믿음'인데

THE DANGERS of
A SHALLOW FAITH

그것은 얕은 믿음이 영적 무감각을 불러오기 때문이다. 역사적으로 볼 때, 영적 무감각에 빠진 교회는 원수의 무차별적 공격에 노출되었다.

교회의 문제는 교회의 영적 상태가 걸린 문제이기 때문에 토저는 매우 철저한 해결 방식을 주장했다. 그가 특히 강조한 것들 중 하나는, 세상이 신자들에게 결코 만만한 상대가 아니므로 세상과 신자들 사이에 구별이 있어야 한다는 것이다. 현대의 그리스도인들은 자신들이 세상과 구별되어야 한다는 것을 알지 못한다. 오늘날 교회는 주변 세상과 서로 얽혀 있기 때문에 세상과 구별되지 않는다. 그러나 토저는 신자들이 세상과 구별되지 않으면 영적 무감각에 빠져버리고 만다는 것을 잘 알았다.

토저는 교회 안에서 발견되는 미성숙한 태도에 대해 비판적 태도를 취했다. 다시 말해서, 신앙에 쉽게 권태를 느끼고 그 권태를 해소하기 위해 연예오락을 찾는 일부 교인들을 용납할 수 없었다. 그가 볼 때, 교회가 연예오락을 받아들이는 것은 세상을 향해 문을 활짝 열어놓고 세상에 무릎 꿇는 것이다. 그는 교회가 주변 세상의 방법을 배우고 따라한다는 것은 말도 안 되는 황당한 일이라고 믿었다. 그가 볼 때, '세상적 교회'라는 것은 서로 모순되는 두 단어의 결합이요, 저주스런 것이었다.

이 책을 읽을 때 당신은 무릎을 치며 "토저가 그의 시대에 지적한 문제들이 지금도 일어나고 있구나!"라고 외치게 될 것이다. 그가 맞서 싸운 문제들이 교회의 역사 속에서 계속 반복된 것이 사실이다. "이 시대에 맞는 영성(靈性)을 찾아야 한다"라고 주장하는 그리스도인들이 어느 시대에나 있다. 하지만 토저는 그런 사람들보다 생각의 차원이 높았다. 시대의 일시적인 유행에 매료되지 않았기 때문에 그는 본질적인 것을 보았다. 유행이라는 것은 왔다 가버리는 것이기 때문에 일단 사람들이 그것에 익숙해지면 이미 '한물간 것'이 되고 만다는 사실을 그는 잘 알았다. 유행은

THE DANGERS of
A SHALLOW FAITH

꼬리에 꼬리를 물면서 계속 바뀌므로 유행을 따르다가는 본질을 놓친다는 것이 그의 확신이었다.

성경에 나오는 선지자들처럼 토저는 분명히 꿰뚫어 보고 날카롭게 지적했다. 교회에 대한 그의 진단은 당대에 정확히 들어맞았고 오늘날에도 정확히 들어맞는다.

이 책에는 부정적 이야기가 등장한다. 하지만 그것은 당연히 있어야 하며, 더군다나 그런 부정적 이야기 속에서도 긍정적 소망의 빛을 비춘다. 그 빛은 하나님을 향해 영적 갈증을 느끼는 영혼들을 인도하는 빛이다.

제임스 스나이더

그리스도는 홀로 서 계신다. 그분은 세상을 모방하지 않으신다. 세상을 구원하기 위해 세상의 비위를 맞추려는 어설픈 시도는 그분의 방법이 아니다. 현재 많은 교회들은 거의 모든 면에서 신약의 기준보다는 세상의 기준을 더 많이 따르고 있다.

PART 1
얕은 믿음을 버리라

chapter 01

종교적 껍데기를 버리고
믿음의 본질로 돌아가라

"경건의 모양은 있으나 경건의 능력은 부인하니 이 같은 자들에게서 네가 돌아서라 그들 중에 남의 집에 가만히 들어가 어리석은 여자를 유인하는 자들이 있으니 그 여자는 죄를 중히 지고 여러 가지 욕심에 끌린 바 되어 항상 배우나 끝내 진리의 지식에 이를 수 없느니라"(딤후 3:5-7).

오늘날 교회는 배교(背敎)에 빠질 수 있는 몇 가지 중대한 위험에 직면해 있다. 나는 복음주의 교회가 너무 늦기 전에 각성하여 개혁에 성공하게 해달라고 기도한다.

내가 말하는 복음주의 교회에는 근본주의 교회, 순복음 교회, 성결운동 교회(The holiness movement, 19세기 감리교에서 나온 교리에 기반을 둔 복음주의적 교파), 재세례파 교회, 오순절주의 교회가 포함된다. 다시 말해서, 성경을 믿고 예수 그리스도를 세상의 유일한 구주로 믿는 모든 복음적 교회가 포함된다. 이런 교회들이 아닌 다른 교회에 대해서는 내가 할 말이 없다.

오늘날 교회가 분열되어 있는 것을 생각할 때 나는 너무나 슬퍼진다. 이 문제를 생각하면 나는 어머니가 만들어주시던 애플파이가 생각난다. 파이를 여러 조각으로 자르면 각각의 조각은 모두 자기가 다른 조각들보다 더 좋은 파이라고 믿는다. 똑같은 재료들이 사용되고 똑같은 제조 과정을 거치고 똑같은 오븐에서 구워졌지만 각각의 파이 조각은 자기가 다른 조각들보다 우월하다고 느낀다. 교회가 그런 파이 조각들처럼 되어서는 안 된다. 교회는 '하나'가 되어야 한다.

이것은 새바인 바링굴드(Sabine Baring-Gould, 1834~1924. 잉글랜드의 목사)가 지은 〈믿는 사람들은 주의 군사니〉(새찬송가 351장)의 한 절에서 매우 잘 표현되었다.

> 세상 나라들은 멸망당하나
> 예수 교회 영영 왕성하리라.
> 지옥 권세 감히 해치 못함은
> 주가 모든 교회 지키심이라.

이 가사에 담긴 뜻을 깊이 생각해볼 때 우리는 하나님께서 이 시대의 교회가 어디에 서 있기를 원하시는지를 깨닫게 된다.

세속적 복음주의에서 벗어나라

지금이 워낙 위태로운 상황이기 때문에 나는 어금니를 꽉 깨물며 이렇게 예언하지 않을 수 없다. 성령에 의해 영적 눈을 뜬 모든 거룩한 사람들이 '세속적 복음주의'에 빠져 있는 교회를 하나씩 하나씩 떠나는 날이 이를 것이다! 그날이 이르면 교회는 황량해질 것이고, 하나님의 사람 즉 성령을 자기 안에 모신 사람이 교회에 남아 있지 않을 것이다!

지금 내 귓가에는 다음과 같은 예수님의 말씀이 쩌렁쩌렁 울린다.

"예루살렘아 예루살렘아 선지자들을 죽이고 네게 파송된 자들을 돌로 치는 자여 암탉이 그 새끼를 날개 아래에 모음같이 내가 네 자녀를 모으려 한 일이 몇 번이더냐 그러나 너희가 원하지 아니하였도다"(마 23:37).

오늘날 교회의 세속적 복음주의를 지적하는 사람은 약간 광신적인 사람이라고 비난을 받기 쉬운데 현재 교회가 세속적 복음주의에 빠져 있기 때문이다. 그러나 우리는 교회가 황량해지고 그 안에서 하나님의 사람을 찾아볼 수 없는 때가 도래할 것임을 깨달아야 한다. 만일 그런 때가 도래한다면 하나님의 사람들, 즉 영적으로 조명(照明)을 받아 구별되고 거룩한 사람들이 복음주의 교회에서 나와 그들만의 그룹을 만들면 좋을 것이다. 다시 말해서, 세속적 복음주의로 가득한 배가 세속성으로 더러운 바다에 그냥 가라앉게 내버려두고 새로운 방주를 만들어 폭풍을 헤쳐 나가면 좋을 것이다. 나는 내가 오래 살아서 그런 때를 보면 좋겠다.

성경은 세상과 조금도 타협하지 않는다. 성경은 오늘날 교회에 분명한 메시지를 던지는데 그것은 '집으로 돌아오라'는 것이다. 성경은 언제나 우리를 세상으로 보내지만 우리가 세상과 타협하거나 세상의 방법을 따라 행하는 것을 결코 용납하지 않는다. 성경은 우리가 세상에서 최대한 많은 사람을 구원하기를 원할 뿐이다.

나의 그리스도인 친구여! 당신은 안락한 의자에 느긋하게 기대어 앉아 "하나님이 세상을 이처럼 사랑하사 독생자를 주셨으니 이는 그를 믿는 자마다 멸망하지 않고 영생을 얻게 하려 하심이라"는 요한복음 3장 16절 말씀을 인용하면서 "내가 예수 그리스도를 영접했으면 됐지 또 무엇이 필요합니까?"라고 말하는가? 만일 그렇다면 당신은 지금 당장 자신을 살펴야 한다. 당신에게 부족한 것이 있지 않나 하는 생각에서 자신을 살펴야 한다. 결국 세상에 대한 미련을 버리지 못하고 있는 당신의 속마음이 드러나지 않도록 주의하라.

반복되는 역사

구약에 기록된 이스라엘 민족의 역사를 돌아볼 때 내 주목을 끄는 한 가지 사실이 있다. 이스라엘 민족의 역사를 살펴보면 이

전 세대의 종교적 장식품을 벗어버리고 본질로 돌아가는 일이 대략 3세대에 한 번 정도 일어났다. 이에 대해 좀 더 구체적으로 살펴보자.

이스라엘 민족의 최초의 조상은 여호와의 분명한 말씀 위에 그들의 나라를 세웠다. 그러나 그 다음 세대의 사람들은 앞선 세대의 종교적 기초의 진가를 알지 못했다. 그리하여 본질적이고 중요한 요소들을 버리고 비본질적인 요소들을 종교에 받아들였다. 그 다음 세대, 즉 세 번째 세대는 이스라엘을 세운 할아버지 세대를 완전히 무시하고 이스라엘 민족의 종교적 기초를 다 무너뜨렸다. 그들은 "네 선조가 세운 옛 지계석을 옮기지 말지니라"(잠 22:28)는 선지자의 경고를 완전히 무시했던 것이다. 그들은 자기들이 보기에 좋은 다른 신들을 찾았다. 그들 주변의 나라들을 둘러보고 부러워하면서 그 나라의 신들을 받아들였고 더 나아가 그 문화를 받아들였다. 그리하여 이스라엘 사람과 블레셋 사람을 구별하는 것이 어렵게 되었을 정도였다.

그러나 그런 세대 다음에 이어지는 세대는 껍데기만 남은 종교에 염증을 느끼기 시작했다. 그리하여 영적 조상의 참된 종교를 찾기 시작했고 그러다가 우연히 하나님의 말씀을 발견했다. 말씀에 의해 충격을 받은 그들은 이전 세대가 물려준 종교적 껍데기를 다 버렸다. 그들은 큰 기대감에 사로잡혀 과거 조상들의 영적 능력의 근원을 다시 찾았다. 오늘날 우리는 이를 가리켜 '각성'

또는 '부흥'이라고 부른다. 진정한 각성이나 부흥은 철저한 개혁을 낳기 마련이다.

새로운 세대가 일으키는 영적 부흥

얽히고설킨 부패와 기만(欺瞞)의 미로를 꿰뚫어보고 참된 종교의 본질과 근원을 찾고자 하는 열망이 새로운 세대에서 나타나는 경우가 종종 있다. 이런 현상은 고대 이스라엘의 역사에서 나타났을 뿐만 아니라 오늘날의 교회에서도 나타난다. 교회 역사를 연구해보면 이런 현상이 거의 모든 시대에 일어난 것을 알 수 있다. 하나님의 인도하심과 능력이 어떤 무리의 사람들에게 임했을 때 그들은 거룩한 열정에 사로잡혔다. 그런 그들을 통해 일어난 각성이나 부흥은 많은 사람을 하나님나라로 이끌고 들어갔다.

예를 들면 중세에 부흥의 불길을 일으킨 발도파(Waldensians, 12세기에 시작된 기독교의 일파), 1500년대의 종교개혁의 신호탄을 쏘아올린 마르틴 루터, 그리고 1700년대에 부흥을 일으킨 존 웨슬리와 찰스 웨슬리 형제가 그런 일을 했다. 하나님을 향한 웨슬리 형제의 불같은 열정은 감리교 운동이라는 부흥을 낳았고, 그것은 잉글랜드를 국가적 재앙에서 구했다.

위대한 부흥들은 하나님께서 일으키신 것이다. 하나님은 오직 그분만이 채워주실 수 있는 영적 굶주림에 사로잡힌 사람들을 찾아서 부흥을 일으키셨다. 하나님을 향한 거룩한 열정에 불타는 부흥 운동을 통해 수많은 사람들이 하나님나라 안으로 들어갔다. 교회 역사 속에서 부흥이 어떤 식으로 일어났다 사라지고 또다시 시작되었는지를 간단히 이야기해보자.

우선, 제1세대에서 신앙적 부흥이 일어났다. 그 다음 세대는 그 운동을 지속시키기 위해 노력했다. 즉 부흥의 불이 계속 타오르도록 만들고 부모 세대의 신앙에 따라 살기 위해 노력했다. 그러나 그런 노력은 그들 세대로 끝났다. 그 다음 세대는 영적 뿌리와 아무 관계가 없는 종교적 껍데기에 염증을 느끼기 시작했다. 그들은 "왜 우리가 이것은 해야 하고 저것은 하지 말아야 하느냐?"라고 물었다. 이내 그들은 주변 세상의 것들이 교회 안으로 흘러 들어오도록 내버려 두었고, 교회와 세상 사이에는 차이가 없게 되었다. 사실상 교회가 세상에 점령당하게 된 것이었다.

물론 손자 세대는 할아버지 세대처럼 보였다. 그들 중 일부는 할아버지 세대의 종교적 언어를 사용했다. 겉으로만 보면 손자 세대는 할아버지 세대의 유산을 충실히 이어나갔다. 그러나 영적인 의미에서 볼 때 그들은 할아버지 세대의 계승자가 아니었다. 선대의 신앙의 본질을 이어나가지 않았기 때문이다. 그들의 종교가 그들에게 거룩한 열정을 계속 불어넣지 못했다. 오히려 그들은 자신들의 노력으로 종교를 유지하려고 발버둥 쳤다. 하지만 그런 피곤한 노력은 한계에 봉착하여 결국 무너지고 말았다. 그들은 숨통을 트이게 하려고 세상과 적당히 타협했지만, 그것으로 인하여 하나님의 임재를 더 이상 느낄 수 없었다.

내가 볼 때, 철저한 내부 개혁 없이 100년 이상을 살아남은 교파는 역사상 없다. 사도 바울은 "경건의 모양은 있으나 경건의 능력은 부인하니 이 같은 자들에게서 네가 돌아서라"(딤후 3:5)라고 경고하는데, 여기서 그가 "돌아서라"라고 단호히 잘라 말하는 것이 눈길을 끈다.

동시대인들의 영적 상태에 만족하지 못하는 새 세대, 즉 전통과 예전(例典)이 채워줄 수 없는 하나님을 향한 굶주림을 가진 새 세대가 일어날 때가 있다. 그들은 대개 종교적 위계질서에 의해 지배되는 계층에서 나오지 않는다. 종교적 예전에 얽매이지 않는 그들에게서 발견되는 하나님을 향한 뜨거운 열정은 주위 사람들을 놀라게 한다. 종교적 위계질서의 상층부에서 종교 권력을 휘두르는 바리새인과 서기관 같은 사람들은 그들을 매우 불쾌하게 여긴다. 그런 종교 지도자들은 그들을 정죄하고 교회 밖으로 쫓아내려고 애쓴다. 그러나 그들이야말로 진정한 교회이다. 그들은 하나님을 향한 거룩한 열정에 불타는 새 세대를 만들어내는데, 그런 새 세대는 하나님 안에서만 만족을 얻을 수 있다.

끈질기게 따라다니는 바벨론의 영

그렇다면 오늘날 교회는 어떤 상황에 처해 있을까? 매우 위험한 가운데 있지만 그 위험에 대해 조목조목 지적하는 사람은 거의 없다. 나는 내가 깨달은 것을 조금이라도 나누고 싶다. 내 미약한 노력은, 주 예수 그리스도를 통해 하나님과 깊은 인격적 관계를 맺을 때 비로소 얻을 수 있는 영적 체험에 대한 갈망과 열정을 새 세대의 사람들에게 불어넣어줄 수 있을 것이다.

오늘날의 교회를 둘러볼 때 나는 몇 가지 사안에 대해 언급하지 않을 수 없다. 그것들 중 하나는 '바벨론의 영(靈)'이다. 현재 바벨론의 영이 교회에 침투하여 교회를 좌지우지하는 지경에 이르렀다는 것이 내 진단이다. 구약을 읽어본 사람이라면 누구나 '바벨론'(이스라엘을 쳐부수고 백성을 포로로 잡아간 최초의 이방 국가로, '혼란케 하다'라는 뜻이다 - 편집자 주)이라는 말에 어떤 의미가 담겨 있는지 쉽게 이해할 것이다. 혹시 이런 내 말을 잘 이해하지 못하는 사람을 위해서 나는 바벨론의 영의 특징을 몇 가지 지적하겠다.

1. 재미만을 추구하는 연예오락의 영

'연예오락'이라는 바벨론의 영이 교회 안으로 침투했다. 그런데 더 큰 문제는 교회가 그 영을 두 팔 벌려 환영해 교회 안으로 깊숙이 받아들였다는 것이다. 말로는 믿음의 후손이라는 사람들이 조상의 영적 성취와 신앙적 희생을 혐오하고 '연예오락주의'의 천박한 태도와 정신에 사로잡혀 있는 것을 볼 때 내 마음은 몹시 불편하다. 우리는 보좌에 앉아 계신 하나님을 경배하지 않고 그분의 보좌의 그림자를 경배하고 있다.

오늘날 보통의 그리스도인은 외형적 쾌락에 빠져 있다. 연예오락에 깊이 의존하지 않고 유지되는 교회를 찾기 어려운 것이 오늘날의 현실이다. 교인들은 끊임없이 재미를 추구한다. 교회에서 예배는 뒷전이고 대신 공연이 판을 친다. 이제 더 이상 우리는 예배자가 아니다. 설교단에서 펼쳐지는 공연에 넋을 잃은 구경꾼에 불과하다. 자신의 모든 문제를 잊고 스스로 '아, 나는 꽤 괜찮은 존재구나!'라고 느끼게 해주는 프로그램이 생기면 사람들이 구름같이 몰려든다.

우리의 믿음의 조상들은 정말 뜨겁게 예배한 사람들이었다. 예배를 드리기 위해 큰 희생을 치러야 했을 때 그들은 즐거운 마음으로 기꺼이 그 대가를 치렀다. 그러나 그들의 손자 세대인 우리는 지금 어떠한가? 연예오락을 향한 갈망에 사로잡힌 우리는 설교단의 공연에 넋을 잃는 구경꾼이 되고 말았다. 사람은 재미를 끊임없이 추구하기 때문에 짜릿한 것을 한 번 맛보고 나면 그것보다 훨씬 더 짜릿한 것을 맛보려고 애쓴다. 우리의 믿음의 조상들은 예배에 열광했지만 우리는 지금 연예오락에 열광한다. 그렇기 때문에 믿음의 조상들과 우리가 그토록 다른 것이다.

그런데 우리를 혼란에 빠뜨리면서 우리의 문제를 더욱 악화시키는 것이 있다. 나는 그것을 가리켜 '공연 지향적 예배'라고 부르고 싶다. 잘 알겠지만, 예배라는 말이 붙어 있다고 해서 모든 예배가 하나님께서 받으시는 예배가 되는 것이 아니다. 우리는 우스꽝스런 옷을 입고 경박한 노래를 부르면서 하나님 앞에서 춤을 춘다. 그러면서 우리는 천지의 창조주 하나님께서 우리의 춤을 보시고 기뻐하실 것이라고 생각한다.

믿음의 조상들은 압도적인 경외심에 사로잡혀 거룩한 침묵 가운데 하나님 앞으로 나아갔다. 그렇지만 지금 우리에게 경외심이라는 것이 있는가? 하나님 앞에서 깊은 경외심을 갖는 사람들이 지금 어디에 있는가? 그분의 존전에서 거룩한 침묵에 빠져본 사람이 있는가?

현재 우리의 문제들 중 하나는 유명인들이 우리의 예배를 이끌어간다는 것이다. 이것은 세상 문화가 교회 안으로 침투했다는 증거이다. 지금 교회의 지도자가 되려면 영적 자질보다는 세상의 지위가 더 필요해졌다. 하나님 앞에서 상한 마음으로 무릎을 꿇고 공동체를 위해 기도하는 사람보다 회심(回心)한 축구선수가 더 큰 영향력을 발휘하고 있는 것이다. 현재 유명인들이 교인들을 이끌어가고 있지만 그들이 이끄는 길은 믿음의 조상들이 닦아 놓은 길이 아니다.

2. 어제의 힘으로 살아가는 무기력한 기독교

내가 지금까지 지적한 것들 때문에 오늘날 교회 안에는 영적 무기력이 팽배하다. '무기력'이라는 말이 다소 어렵게 느껴질 수도 있으므로 나는 내 말의 의미를 좀 더 설명하겠다.

내가 사용하는 무기력이라는 말에는 '어제의 힘으로 살아간다'라는 뜻이 담겨 있다. 현재 기독교가 어제의 힘에 의지해서 살아가려고 하기 때문에 그토록 무기력한 것이다. 우리의 믿음의 조상들은 과거를 회상하며 과거에 의지해서 살려고 애쓰지 않았다. 물론 그들이 과거를 돌아본 적이 있지만 그것은 어디까지나 앞으로 나아갈 방향을 잡기 위한 것이었다. 성령의 능력이 나타나는 가운데 전진하기 위해 과거를 나침반으로 활용했을 뿐이다.

이제까지 어떤 길을 걸어왔는지 모른다면 앞으로 나아갈 방향을 제대로 잡을 수 없다. 이런 이유로 과거를 돌아보는 것은 매우 당연한 것이다. 그러나 다른 이유로 과거를 돌아봐서는 안 된다. 단순히 과거로 돌아가기 위해 과거를 돌아보는 것은 용납될 수 없다. 다시 말하지만, 미래의 방향을 정확히 잡기 위해 과거를 회상하는 것만 정당화될 수 있다.

3. 편안함을 추구하는 거짓 신앙

오늘날 교회 안에는 어제의 힘에 의지하여 사는 사람들이 너무 많다. 그들은 모든 영적 전투가 끝났다고 느낀다. 그들이 볼 때, 교회의 싸움이 이미 다 끝난 것이다. 또한 자기들이 꽃으로 뒤덮인 편안한 침대에 누워 천국으로 가볍게 올라갈 수 있는 특권을 받은 세대라고 착각한다. 이런 현상의 가장 큰 문제는 많은 사람이 정체된 신앙에 길들여져서 아무 기대 없이 맥 빠진 신앙생활을 한다는 것이다. 그들의 유일한 기대는 장차 죽었을 때 천국에 갈 것이라는 바람이다. 그러므로 죽기 전까지는 즐겁게 살면서 종교생활을 재미있게 하자는 생각이 그들을 사로잡고 있다.

그러나 믿음의 조상들은 종교를 재미의 대상으로 여기지 않았다. 존 폭스가 쓴 《순교자 열전》을 보면 그들이 신앙을 위해 어떤 대가를 치렀는지를 잘 알 수 있다. 편하게 믿음의 길을 가겠다는 생각이 그들에게는 없었다.

찰스 웨슬리(Charles Wesley, 1707~1788)는 그의 아름다운 찬송가 〈그리스도의 병사들이여, 일어나라〉에서 그의 세대를 위해 나팔을 불었다.

그리스도의 병사들이여,
일어나 갑옷을 입어라!
하나님이 그분의 영원한 아들을 통해
힘을 주시니 힘을 내라!
만군(萬軍)의 주 안에서,
그분의 무한한 능력 안에서
강해져라!
예수님의 힘을 의지하는 자는
넉넉히 이기리라.

그러나 지금 '그리스도의 병사들'이 어디에 있는가? 하나님이 주시는 능력을 믿고 전진하는 자들이 어디에 있는가? 현재 승리를 거두고 또 미래에 승리를 거둘 자들이 어디에 있는가?

이 세대의 그리스도인들의 비극은 바울이 로마서에서 예언했고 유다가 그의 서신에서 예언한 거짓 선지자들이 부지중에 스며들어왔다는 것이다. 우리가 경계의 빗장을 풀었기 때문에 이 거짓 선지자들은 우리 안에 깊이 뿌리를 내리고 이 세대의 기독교의 운명을 좌지우지하고 있다.

영적으로 허약한 신학자들의 문제

오늘날 교회에서 내가 발견하는 또 다른 비극은 영적으로 허약한 신학자들이 우리를 포로로 잡아 꼼짝 못하게 만들었다는 것이다. 물론 나는 '신학'(神學)이라는 말을 좋아한다. 하나님을 연구하는 학문인 신학은 우리가 이 세상에서 추구할 수 있는 가장 위대한 것들 중 하나이다. 경건한 자는 하나님 보기를 갈망하면서 "언제 그분 앞에 나아가 설까?"라고 묻는다. 물론, '신학'이라는 말에서 '신학자'라는 말이 나왔다. 신학자라는 말은 하나님과 그분의 진리에 대해 연구하는 사람을 가리켰지만, 지금은 기독교 한 분야의 전문가라는 뜻으로 더 많이 사용된다. 문제는 많은 경우에 있어서 그 한 부분이 매우 작을 뿐만 아니라 전체에서 분리되어 있다는 것이다.

현재 신학자들은 매우 세부적인 교리들에 매달린다. 그들은 이 시대의 사회와 문화에 비추어 교리적 입장을 재고(再考)한다. 자기 나름대로의 이유를 내세우며 그들은 "사회가 많이 변했기 때문에 우리의 교리적 입장도 그에 따라 변해야 한다"라고 주장하다. 예를 들어 그들은 성경이 성령의 감동으로 기록되었다는 교리에 대해 재고해봐야 한다고 주장한다. 그들의 이런 주장은 정말 쓸데없는 주장이다. 교리를 요리조리 분석하고 토막 냈기 때문에 이제 우리는 우리가 믿는 것이 무엇인지 모를 지경에 이르렀다.

뿐만 아니라 그들은 성경의 새로운 번역본이 나와야 한다고 아우성친다. 물론 내가 성경의 번역본을 새롭게 만들어내는 일을 반대하는 것은 아니다. 나 역시 새 번역 성경이 나올 때마다 누구보다 먼저 그것을 구입하고자 한다. 내가 지적하는 것은 개선된 성경 번역본이 새로 나온다고 해서 우리의 영적 문제가 해결되는 것은 아니라는 사실이다. 이전 시대에 출간된 성경 역본을 다 합한 것보다 더 많은 역본이 현대에 쏟아져 나왔다. 그토록 많은 역본을 보는 현대의 그리스도인들이 과거의 그리스도인들보다 영적으로 더 허약하다는 사실은 정말 놀라운 일이다.

우리가 잘 알듯이, 본래의 성경은 히브리어와 헬라어로 기록되었다. 하지만 히브리어와 헬라어로 성경을 읽는다고 해서 더 훌륭한 그리스도인이 되는 것은 아니다. 현대의 역본으로 성경을 읽는다고 해서 더 훌륭한 그리스도인이 되는 것도 아니다. 더 훌륭한 그리스도인이 되는 방법은 무릎을 꿇고 성경을 앞에 펴놓으며 성령께서 우리의 마음을 깨뜨려 주시도록 기도하는 것이다. 전능한 하나님 앞에서 완전히 깨어진 다음에 우리가 해야 할 것은 자리에서 일어나 세상으로 나아가 구주 예수 그리스도의 영광스러운 메시지를 선포하는 것이다.

교회는 사람이 아닌 성령님이 이끄신다

머리에 든 지식은 많지만 영적 생활의 본질을 알지 못하는 지도자들이 현재 우리의 교회를 이끌고 있다. 나는 전문가라고 불리는 그들이 과연 무엇에 전문가인지를 묻고 싶다. 내가 볼 때, 그들 가운데 대부분이 믿음의 조상들과는 달리 하나님을 아는 일에 전문가가 아니다. 초대교회의 신앙운동에서 많이 나타났던 하나님을 향한 압도적 경외감이 그들에게 없는 것 같다. 그들은 성령의 능력을 부인하고 율법의 문자적 의미에 매달리는 판에 박힌 신앙을 가르쳐준 것 외에 별로 한 일이 없어 보인다. 내가 볼 때, 우리는 신앙을 논리적으로 설명하고 변호하는 일에 너무 치중했으며, 모든 이들을 만족시키려고 애쓰다가 결국 진리를 파괴하고 말았다.

지식이 많다고 자부하는 자들은 특권 의식에 사로잡히기 쉽다. 배운 것이 많다고 콧대가 높아진 학자들은 예수 그리스도의 교회를 논쟁 거리로 만들었다. 그러나 그들은 모든 신학자를 합한 것보다 마귀가 더 영리한 신학자라는 사실을 모른다. 성경은 "네가 하나님은 한 분이신 줄을 믿느냐 잘하는도다 귀신들도 믿고 떠느니라"(약 2:19)라고 말한다. 하나님나라에 들어갈 수 없는 마귀도 하나님 앞에서 두려움을 느낄 정도로 그분에 대해 잘 안다.

현재 전문가 그룹들은 일종의 폭군처럼 군림한다. 초대교회에서는 모든 신자가 사역팀의 일원이었다. 모든 신자가 세상에 나아가 예수 그리스도의 속량의 메시지를 전하는 것이 당연시되었다. 물론 장로나 감독이나 사도 같은 직책이 있었던 것은 사실이다. 하지만 당시 모든 그리스도인이 자신의 위치를 알고 자신의 사명을 충실히 감당했기 때문에 교회가 효율적으로 움직였다.

그러나 현재 전문가 그룹들은 율법의 문자만을 알 뿐이다. 현재 우리가 흔히 볼 수 있는 사람은 종교적 속물들이다. 그들은 교인들에게 일종의 공연을 해주고 주일헌금을 많이 거두어 탐욕스러운 삶을 영위하는 데 관심이 있다. 영적 무기력을 불러오는 바벨론의 영(靈)이 교회에 침투하도록 토대를 마련해준 것이 바로 영적으로 허약한 신학자들이다.

작은 위험이 결국에는 한 세대의 그리스도인들 모두를 위험에 빠뜨릴 수 있다. 이것이 배교(背敎)의 저주이다. 배교는 어떤 사람들이 부지중에 살며시 교회 안으로 들어와 성령을 부인하고 다른 것을 신앙운동의 원동력으로 삼을 때 시작된다. 인간이 교회를 이끌고 나가는 것은 결코 하나님의 뜻이 아니다. 교회를 통해 각 세대마다 자신의 일을 하시기 위해 성령께서는 오순절에 교회를 탄생시키셨다.

현재 교회를 위협하는 위험에 대처하기 위해서는 교회 상황이 얼마나 심각한지를 알아야 한다. 성령의 능력과 인도에 힘입어 우리는 교파주의가 만들어낸 분열과 무력한 종교적 관료주의를 타파해야 한다. 오순절 성령강림 때 탄생한 기독교로 돌아가자. 그리고 "굳건하게 서서 다시는 종의 멍에를 메지 말라"(갈 5:1)라는 말씀대로 살아가자.

다음은 토머스 쉐퍼드(Thomas Shepard, 1665~1739)가 쓴 〈내 주님 지신 십자가〉(새찬송가 339장)이다.

내 주님 지신 십자가 우리는 안 질까.
뉘게나 있는 십자가 내게도 있도다.

내 몫에 태인 십자가 늘 지고 가리다.
그 면류관을 쓰려고 저 천국 가겠네.

저 수정 같은 길에서 면류관 벗어서
주 예수님 앞에 바치며 늘 찬송하겠네.

저 천사 소리 높여서 늘 찬송할 때에
그 좋은 노래 곡조가 참 아름답도다.

그 면류관도 귀하고 부활도 귀하다.
저 천사 내려보내사 날 영접하소서.

chapter 02

세상으로부터
하나님의 대용품을 찾지 말라

"우리가 바벨론의 여러 강변 거기에 앉아서 시온을 기억하며 울었도다 그 중의 버드나무에 우리가 우리의 수금을 걸었나니 이는 우리를 사로잡은 자가 거기서 우리에게 노래를 청하며 우리를 황폐하게 한 자가 기쁨을 청하고 자기들을 위하여 시온의 노래 중 하나를 노래하라 함이로다 우리가 이방 땅에서 어찌 여호와의 노래를 부를까"(시 137:1-4).

하나님을 만나서 십계명을 받기 위해 시내산에 있었던 모세는 산 아래에 있는 하나님의 백성이 큰 영적 위험에 빠져 있다는 사실을 알지 못했다. 하나님의 임재에 압도당한 상태에 있는 모세는 오직 하나님께만 집중하고 있었지만 산 아래에서는 너무나도 다른 상황이 전개되었다.

모세가 산꼭대기에 있는 동안 그의 형 아론은 기다리다 지친 이스라엘 백성의 잘못된 요구에 굴복했다. 모세가 산 위에 있는 시간이 예상보다 길어지자 이스라엘 백성은 자신들의 육신적 욕구를 채워줄 그 무엇이 필요해졌다. 쉽게 말해서 그들은 모세를 기다리는 일에 지쳐버린 것이다.

영적 권태의 위험성

이 상황을 깊이 들여다볼 때 우리는 종교적 권태가 하나님의 백성을 위협하는 매우 큰 일임을 깨닫는다. 종교에 권태를 느끼는 것은 어느 정도 이해할 수 있는 일이지만 하나님께 권태를 느끼는 것은 이해할 수 없다. 하나님을 만나 그분의 압도적 임재를 체험한 사람은 권태에 빠지지 않을 것이다. 반면에 이것은 하고 저것은 하지 말라는 식의 계율을 잔뜩 제시하는 종교에 지친 사람들은 권태에 빠지기 쉽다. 종교적 계율에 얽매여 신앙생활을 하는 사람은 사소한 것들을 따지고 고민하느라고 지쳐버린다.

모세 시대에 이스라엘 민족은 하나님의 놀라운 기적을 많이 체험했지만 그럼에도 하나님께 싫증을 냈다. 이스라엘 백성이 금송아지를 만들어 우상숭배를 할 때 일조(一助)한 아론은, 모세가 이에 대해 책망하자 다음과 같이 말했다.

"내 주여 노하지 마소서 이 백성의 악함을 당신이 아나이다 그들이 내게 말하기를 우리를 위하여 우리를 인도할 신을 만들라 이 모세 곧 우리를 애굽 땅에서 인도하여 낸 사람은 어찌 되었는지 알 수 없노라 하기에 내가 그들에게 이르기를 금이 있는 자는 빼내라 한즉 그들이 그것을 내게로 가져왔기로 내가 불에 던졌더니 이 송아지가 나왔나이다"(출 32:22-24).

오늘날 교회는 바벨론의 영(靈)으로 가득한 환경에 영향을 받아 이런저런 숭배에 빠져 있다. 각종 숭배가 현재 기독교에서 판을 치고 있기 때문에 참된 기독교는 숨조차 쉬기 힘들 정도이다. 오늘날 이런 현상에 대해 좀 더 자세히 살펴보자.

세상의 기준을 모방하는 한심한 시대

오늘날 기독교를 지배하는 숭배들 중 첫 번째는 교회 밖에서 보는 모습을 모방하는 것이다. 모방은 성숙하지 못한 자의 특징이다. 아장아장 걷는 아기는 다른 사람이 하는 행동의 진정한 의미를 모르면서 무조건 그것을 흉내 낸다.

현재 그리스도인들은 세속적 대중매체에서 판단 기준을 찾는다. 지금 교회에는 사회자가 진행하는 프로그램이 너무 많다. 이런 식의 프로그램은 세상의 연예오락의 영향을 받은 것이다. 세상의 금송아지가 살아 계신 하나님의 성소 안으로 들어온 것이다. 순진하게도 교회는 결과를 전혀 고려하지 않은 채 세상에서 보이는 것을 흉내 낸다.

과거의 어떤 때는 교회가 세상에 음악의 기준을 세워주었다. 그때에는 세상이 교회를 모방했다. 베토벤이나 모차르트나 헨델의 음악이 세계로 퍼져나갔는데, 그들의 음악의 중심은 교회였다. 그러나 지금 교회는 더 이상 이 시대의 음악을 주도하지 못하고 오히려 세상의 음악을 흉내 내기 바쁘다. 우리가 세상 속으로 뚜벅뚜벅 걸어 들어가는 이유는 세상의 음악을 교회 안으로 끌어들이기 위함이다. 우리는 이 속된 돼지를 여호와의 제단에 올려놓는데 이것은 신성모독이다. 올려놓을 것이 없어서 돼지를 올려놓는가? 우리 안에 계신 그리스도의 본질과 성품을 사랑하고 찬양하는 대신 주변 세상의 문화를 교회 안으로 끌어들이는 것이 오늘날 기독교의 슬픈 현실이다.

출판계에서도 동일한 현상이 일어나고 있다. 세상에서 베스트셀러가 등장하면 조만간 교회에서 그것의 모방 작품이 등장한다. 하나님과 교회와 천국의 가치를 높이는 대신 우리는 도덕적으로 의심스러운 세상의 진부한 이야기들을 모방하여 글을 쓴다. 벼랑 끝에 서서 아래로 떨어지지 않는 것이 자신의 능력을 증명해주는 증거라고 생각하는 기독교 작가들이 있는 것 같다. 내가 가지고 있는 뉴스레터에 나온 내용에 근거하여 판단하건대, 그들은 절벽에서 떨어질 위험에 처한 것이 아니라 이미 절벽에서 떨어졌는데 그것을 모를 뿐이다!

이런 일이 일어나는 이유는 그리스도인이라고 자처하는 사람들조차 기독교를 크게 오해하고 있기 때문이다. 참된 기독교는 이 세상에서 신비요, 기이한 것이요, 이질적인 것이요, 초월적인 것이다. 신약성경이 증언하는 기독교는 이 세상이 이해할 수 있는 것이 아니다. 세상의 기준과 교회의 기준을 조화시킬 수 있는 방법은 절대 없다.

어떤 사람들은 "세상과 교회가 모두 받아들일 수 있는 책을 쓰는 것이야말로 탁월한 경지를 보여주는 영광스러운 일이다"라고 말한다. 그러나 이렇게 말하는 사람들은 무언가 잘못 알고 있다. 어떤 식으로든 세상과 교회가 양립할 수 있다고 암시하는 교훈이나 사건은 성경이나 교회사에서 발견되지 않는다. 교회의 취향은 세상의 취향보다 무한히 더 고상하고 고결해야 한다. 교회를 만족시키는 것이 세상을 만족시킨다면 그것은 크게 잘못된 것이다. 진정한 그리스도인은 그리스도와 그분의 일을 향한 무한한 열정에 불타지만 세상은 결코 그렇지 못하다.

그리스도는 홀로 서 계신다. 그분은 세상을 모방하지 않으신다. 세상을 구원하기 위해 세상의 비위를 맞추려는 어설픈 시도는 그분의 방법이 아니다. 현재 많은 교회들은 거의 모든 면에서 신약의 기준보다는 세상의 기준을 더 많이 따르고 있다.

연예오락에 빠져 있는 시대

모방의 숭배와 연관된 것이 있는데, 그것은 연예오락의 숭배이다. 연예오락의 숭배는 현재 교회를 망치는 가장 파괴적인 이단이라고 할 수 있다. 종교가 연예오락의 한 형태가 될 수 있다는 생각은 신약성경의 교훈에서 너무나 멀리 벗어난 생각이다. 그렇기 때문에 나는 다른 면에서는 훌륭한 교회들이 연예오락의 숭배에 빠져 있는 것을 볼 때 깜짝 놀라지 않을 수 없다.

다시 말하지만, 이것은 출판계에서 잘 드러난다. 비현실적인, 억지로 꾸민, 그리고 거짓된 종교소설이 쏟아져 나오고 있다. 이런 종교소설은 신약성경의 기준이나 교회사의 모범이 보여주는 기준에 한참 미달하기 때문에 나는 이런 종교소설이 팔린다는 사실 자체가 너무나 놀랍다. 그런데도 이런 종교소설은 서점에 진열되기 무섭게 날개 달린 듯 팔려나간다.

이 시대의 그리스도인들에게 필요한 것은 육신적 욕구를 만족시키는 종교적 오락거리가 아니다. 그들에게 필요한 것은 하나님과 그리스도와 구원의 계획을 더욱 깊이 알기 원하는 갈망을 영혼 깊이 심어줄 수 있는 서적이다. 물론 그런 서적은 성경의 교리와 교훈에 근거한 것이어야 한다. 우리가 잘 알듯이, 우리가 어떤 것에 영양분을 공급하면 그것이 잘 자라기 마련이다. 따라서 육신적 욕구와 본능에 영양분을 공급하면 우리의 삶은 그것에 지배당하게 된다. 반면 영적인 것에 영양분을 공급하면 하나님의 일을 향한 열정이 우리 안에서 점점 더 커지게 된다.

유명인을 찾아다니는 교회

오늘날 교회를 지배하는 세 번째 숭배는 유명인을 숭배하는 것이다. 나는 이 문제에 대해 언급하고 싶지 않지만 그래도 언급하지 않을 수 없다. 복음주의 지도자들은 그리스도를 위해 무엇인가를 성취하기 위해서는 회심(回心)한 유명인을 등장시켜 사람들에게 자극을 주어야 한다고 믿는다(그들이 그렇게 믿는 데는 나름대로 이유가 있을 것이다). 그런 지도자들은 하나님의 사람이 할 수 없는 것을 회심한 유명인이 할 수 있다는 생각에 사로잡혀 있다. 우리가 잘 알듯이, 세상은 유명인을 좋아한다. 회심한 유명인을 좋아하는 사람들은 육신적 그리스도인들이다. 그들은 더욱 유명한 사람을 찾아다니는 모습을 보인다.

깨어진 심령으로 하나님 앞에 무릎을 꿇고 주변의 세상을 위해 기도하던 세대는 어디로 갔는가? 세상으로 나가서 구원받지 못한 사람들에게 복음을 전하기 위해 자신의 모든 것을 포기한 사람들은 어디로 갔는가?

오늘날 D. L. 무디 같은 사람이 교회에 왜 없는가? A. B. 심슨(A. B. Simpson, 1843~1919. 미국의 저명한 복음전도자) 박사 같은 사람이 왜 없는가? 애도니럼 저드슨(Adoniram Judson, 1788~1850. 미국의 침례교 선교사) 같은 사람들은 어디로 갔는가? 허드슨 테일러(Hudson Taylor, 1832~1905) 같은 사람이 왜 보이지 않는가? 수산나 웨슬리(Susanna Wesley, 1669~1742. 존 웨슬리와 찰스 웨슬리의 어머니)와 노리치의 줄리언 여사(Lady Julian of Norwich, 14세기 영국의 신비가) 같은 사람이 왜 없는 것인가? 교회의 역사 속에는 이들과 같은 위대한 신앙인이 매우 많지만 오늘날 보통의 그리스도인은 그들의 신발끈을 풀 자격도 없는 것 같다.

이런 위대한 신앙인들과 그들의 업적을 알면서도 밖으로 나가 소위 회심한 유명인을 찾아서 그를 모범으로 삼는다면 그것은 거의 신성모독이라고 해야 할 것이다. 우리는 유명인이라면 사족을 못 쓴다. 심지어 그가 성경의 분명한 교훈에 어긋나는 말을 해도 우리는 그것이 이 시대를 위한 메시지라고 여긴다.

성 이그나티우스(St. Ignatius)는 "그리스도가 아닌 그 무엇에도 마음을 빼앗기지 말라"고 말했다. 그러나 오늘날 우리는 그리스도만 빼고 다른 모든 것에 마음을 빼앗긴다. 우리는 성경의 진리와 하나님께 어느 정도 싫증이 나 있으며 신나는 것이 어디 없을까 하면서 사방을 두리번거린다. 하나님을 대신할 수 있는 것을 찾아다니는 고질병에 걸려 있는 것이다.

초대교회 신자들은 그리스도에게 열광했다. 그들은 그리스도께 완전히 매료되었고, 그리스도께서 불어넣어주신 경이감 때문에 그분에 대한 생각을 떨쳐버릴 수 없었다. 그들은 오직 그리스도에 대한 이야기만을 했다. 아침부터 밤까지 그리스도에 대한 생각으로 꽉 차 있었다. 삶의 유일한 목적이 그리스도였다. 그분을 위해 기꺼이 죽을 수도 있었다. 반면에 지금 우리는 유명인에게서 감동을 받으려고 애쓴다. 우리는 지극히 높은 분을 향한 거룩한 숭모 대신 육신적 연애오락을 추구하는 것을 전혀 문제시하지 않는다. 그러나 세상에서 자기 재능 때문에 유명해진 사람에게 열광하는 것은 새 예루살렘의 백성에게 전혀 어울리지 않는다. 유명인에게 열광할 때 느낄 수 있는 싸구려 기쁨이 그리스도를 알 때 느낄 수 있는 무한한 기쁨을 대신해서는 안 된다.

잘못된 제단에서 드리는 경배

물론 바벨론에서 포로생활을 하던 이스라엘 백성이 하나님의 백성이 아니었던 것은 아니다. 그러나 그들은 여호와를 경배하며 찬양할 수 있는 능력을 잃어버렸다. 그들의 음악은 사라졌다. 포로로 잡혀오기 전 이스라엘 땅에서는 자연스러웠던 것이 바벨론에서는 불가능해졌다. 고국을 생각하며 그들은 "우리가 이방 땅에서 어찌 여호와의 노래를 부를까"(시 137:4)라고 탄식했다.

바벨론의 화려한 문명을 보면서 살아가는 이스라엘 사람들의 입에서 시온의 노래가 흘러나오는 것은 쉽지 않았다. 그들은 여호와 하나님을 향한 경외심을 잃어버렸고 바벨론의 세속적 영광에 압도되었다. 그러나 이스라엘 땅에서 부르던 찬양을 기억하는 사람들은 탄식했다. 바벨론의 싸구려 음악보다 무한히 아름다운 시온의 노래를 부를 수 없었기 때문이다.

출애굽기 32장에는 모세가 하나님의 계명을 받기 위해 산꼭대기에 있을 때 이스라엘 민족이 배교(背敎)에 빠진 사건이 기록되어 있다. 그들은 하나님의 계명이 철저히 금하는 우상을 만들었다. 경축을 선포하고 금송아지를 숭배한 그들의 행동은 하나님의 계명을 정면으로 어긴 것이었다. 아론 역시 그들의 행동에 동참하지 말았어야 함에도 결국 어리석은 선택을 하고 말았다.

오늘날 그리스도인들도 하나님의 계명을 어기고 다른 신들을 섬긴다. 우리는 제멋대로 다른 신들의 제단에서 경배한다. 우리가 섬기는 제단에 대해 생각해보자.

1. 광고의 제단

우선 지금 그리스도인들은 '광고의 제단'에서 경배한다. 광고를 통한 교인 모집이 모든 문제를 해결할 수 있는 만병통치약이라는 착각에 빠진 많은 복음주의적 그리스도인들은 광고를 숭배한다. 대대적인 광고 없이는 사람들을 교회로 불러 모으지 못하는 것이 그들의 실정이다.

우리 믿음의 조상들 시대에 성령께서 행하셨던 일을 대신하기 위해 현재 사용되는 것이 바로 광고이다. 그러나 매디슨 가(Madison Avenue, 광고대리회사와 방송사 등이 집중되어 있는 뉴욕의 시가 구역으로 미국 광고계의 대명사로 통한다)에서 배운 방법이 사람들의 마음을 움직이시는 성령의 감동을 대신할 수는 없다.

2. 성공의 제단

많은 그리스도인이 섬기는 또 다른 제단은 '성공의 제단'이다. 물론 하나님은 우리가 신앙의 실천과 세계복음화에서 성공하기를 원하신다.

그런데 현재 우리의 문제는 세상의 성공 개념을 교회로 끌어들인다는 것이다. 세상의 성공 개념에 의하면 우리 주 예수님은 완전한 실패자로 규정될 것이다. 초대교회의 사도들이나 교회사의 위대한 하나님의 사람들 역시 실패자로 간주될 것이다. 그러나 세상이 성공으로 간주하는 것이 하나님의 눈에는 혐오스런 것으로 보일 수 있다. 그렇다면 성공적인 그리스도인은 누구인가? "하나님이 계획하시고 지으실 터가 있는 성"(히 11:10)을 찾아가는 나그네로서 이 세상을 살아가는 사람이 성공적인 그리스도인이다(히 13:14 참조).

3. 돈의 제단

오늘날 교회의 많은 사람들이 '돈의 제단'에서 경배한다. 물론, 선교회 사업이나 구제 사업을 하는 데도 돈이 필요하다는 사실을 누구도 부인하지 못할 것이다. A. B. 심슨이나 허드슨 테일러나 조지 뮬러 같은 위대한 신앙인도 이 사실을 누구보다 잘 알았다. 이런 사람들과 그들의 발자취를 따른 다른 많은 사람들은 자기에게 맡겨진 하나님의 일을 이루기 위해 기도로 천문학적인 돈을 하나님께 받았다. 그러나 돈이 그들에게는 하나님의 일을 위한 수단이었지만 오늘날 우리에게는 목적이 되고 말았다.

4. 활동의 제단

교회가 섬기는 또 다른 제단은 '활동의 제단'이다. 오늘날 복음주의 교회에서 이벤트나 프로그램 같은 활동이 우상이 되어버렸다. 하나님의 사람들을 지치게 만드는 행사가 매일 밤 교회에서 진행된다. 우리가 집에 머무는 시간은 언제인가? 골방에 들어가 자신과 지역사회를 위해 기도하는 시간은 언제인가?

활동을 위한 활동은 이미 우리 사회의 덫이 되고 말았다. 물론, 밖에 나가 어느 정도의 활동은 해야 할 것이다. 성경도 게으름뱅이를 비난한다. 하지만 활동 자체가 목적이 되어버리면 그것은 이미 교회의 우상이다. 각종 활동에 빠져드는 현상이 왜 일어나는지에 대해 나도 어느 정도 이해는 한다. 젊은이들을 위해 교회가 움직이지 않으면 그들이 세상으로 나갈 것이다. 문제는 과도한 활동을 부추기는 과도한 자극이 넘친다는 것이다.

대중매체는 아이들이 값비싼 장난감을 갖고 싶어 하도록 끊임없이 자극한다. 어릴 적 나는 버리는 물건을 재활용하여 장난감을 만드는 것이 기뻤다. 장난감을 만드는 일도 재미있었고 그것을 가지고 노는 일도 재미있었다. 그런데 오늘날 아이들을 보면 외부로부터 과도한 자극을 받는다. 아이들은 자기 마음속에서 솟아나는 기쁨을 느껴야 하는데, 요즘 아이들은 그렇지 못할 뿐 아니라 오히려 외부에서 오는 과도한 자극에 압도당한다. 사람들의 마음을 억지로 움직이는 과도한 자극이 홍수처럼 밀려와 세상을 돌아가게 만들고 있다. 그리고 그런 현상은 교회에서도 마찬가지로 일어난다.

그렇다면 우리는 어떻게 자극을 받아야 하는가? 선한 말씀과 위대한 사상이 우리의 생각과 감정이 감당할 수 있을 정도의 열정을 우리에게 불어넣는 것이 이상적이다.

5. 즐거움의 제단

교회를 가장 어렵게 만드는 것은 '즐거움의 제단'이다. 성경을 읽는 사람이라면 누구나 하나님께서 그분의 피조물을 즐거워하신다고 느끼지 않을 수 없다. 그러므로 즐거움은 선하고 건전하고 경건한 것이다.

문제는 우리가 무엇에서 즐거움을 느끼는가 하는 것이다. 다시 말하지만, 즐거움 자체는 잘못된 것이 아니다. 우리는 하나님의 일에서 즐거움을 얻는가? 그분의 임재를 느끼며 즐거움을 얻는가? 아니면 기독교 공동체의 울타리를 벗어나 세상에서 즐거움을 얻는가? 후자의 경우라면 그것은 잘못된 것이다.

우리가 세상의 활동과 즐거움을 교회 안으로 끌어들인 것은 잘못이다. 세상의 보통 사람들에게 짜릿한 즐거움을 주는 것이 생기면 그것이 즉시 교회의 프로그램에 도입되는 것이 우리의 현실이다. 세상 사람들을 신나게 하는 것을 보았는가? 그것을 당신의 교회에서 또 보게 될 것이다. 교회가 어쩌다가 이 지경이 되었는가?

이런 현상이 벌어지는 가장 근본적 원인은 잘못된 가치관을 받아들이고 그것이 옳다고 철석같이 믿기 때문이다. 잘못된 가치관을 받아들인 사람들은 그것을 정당화하기 위해 시와 음악과 드라마와 문학을 사용한다. 자신의 가치관이 건전하다고 믿는 사람들은 그 가치관이 잘못된 것임을 말해주는 증거를 무시하거나 부정한다.

주님의 명령에 순종하는 사람

예수 그리스도께 명령을 받는 사람만이 그분께 속한 사람이라는 것을 우리는 명심해야 한다. 그런데 지금 교회는 이 진리를 타협의 대상으로 삼고 "주님께서 이렇게 말씀하셨다"라는 선언을 무시해버린다.

물론 우리는 그리스도께서 주실 수도 있는 유익한 것들을 원한다. 그분의 도움과 보호와 인도를 원한다. 그리스도의 탄생과 삶과 죽음과 교훈과 모범에 대한 이야기를 들으면 눈물도 흘린다. 그런데 문제는 우리가 그리스도의 명령을 듣지 않는다는 것이다. 그리스도는 자신의 통제 아래로 들어오지 않는 사람을 구원하실 수 없다. 자신이 구원받은 사람이라고 주장하는 사람이 그리스도의 계명을 무시한다면 그는 망상에 빠진 사람이다.

그러나 그런 사람에게서 소망이 완전히 사라진 것은 아니다. 그는 도움을 받을 수 있다. 각성이 가능하다. 어떤 한순간에 하나님께서 그의 영원한 운명에 관련된 것에 대하여 영적 깨달음을 주시면 그에게 소망이 생긴다. 그리스도는 우리가 10년 동안 열심히 연구해서 알 수 있는 것보다 더 많은 것을 알게 해주실 수 있다. 그분이 알게 해주실 때 깨닫는 것이 진짜 아는 것이다.

그리스도께서 주시는 영적 깨달음이 묵상과 순종 다음에 찾아올 수도 있다. 다시 말해서, 그리스도의 진리를 묵상하고 그 진리에 따라 순종하는 습관이 오랜 세월에 걸쳐 형성된 다음에 그분이 영적 깨달음을 허락하실 수도 있다. 성령님은 책임감 없는 사람에게 빛을 비추어주시지 않는다. 설사 비추어주신다 할지라도 단 한 번만 비추어주신다. 성령님은 우리가 우리의 고상한 특권에 어울리는 삶을 살기를 원하신다.

사이러스 S. 누스바움(Cyrus. S. Nusbaum, 1861~1937)이 쓴 〈예수님을 위해 살겠는가?〉라는 시(詩)를 읽어보자.

예수님을 위해 살겠는가?
늘 선하고 깨끗하겠는가?
그분과 함께 좁을 길을 걷겠는가?
그분께 당신의 짐을 모두 맡기겠는가?
그분의 뜻을 받아들여라.

그분이 주시는 자유를 받아들이고

그분의 부르심에 따르겠는가?
전부를 포기할 때 얻는 평안을 알고 싶은가?
그분의 구원을 받아들여 실족을 피하겠는가?
그분의 뜻을 받아들여라.

그분의 나라에서
영원한 안식을 얻으려는가?
하나님이 보내시는 시험이 닥칠 때
그분께 성실하겠는가?
그분의 뜻을 받아들여라.

그분의 능력을 의지하면
당신에게서 그분의 뜻이 이루어질 것이다.
그분의 보혈로 당신의 마음이 깨끗해지고
자유를 얻을 수 있을 것이다.
그분의 사랑에서
온전한 만족을 얻게 될 때
당신은 그분의 뜻을 따른 것이
최선의 선택이었음을 깨닫게 될 것이다.

chapter 03

잠에 취해 있는
가엾은 당신의 영혼을 깨워라

"시온이여 깰지어다 깰지어다 네 힘을 낼지어다 거룩한 성 예루살렘이여 네 아름다운 옷을 입을지어다 이제부터 할례받지 아니한 자와 부정한 자가 다시는 네게로 들어옴이 없을 것임이라 너는 티끌을 털어버릴지어다 예루살렘이여 일어나 앉을지어다 사로잡힌 딸 시온이여 네 목의 줄을 스스로 풀지어다 여호와께서 이와 같이 말씀하시되 너희가 값없이 팔렸으니 돈 없이 속량되리라"(사 52:1-3).

우리가 잘 아는 이사야서의 이 구절은 부흥이라고 불리기에 손색이 없는 확실한 국가적 부흥이 장차 도래할 것이라고 예언한다. 이 구절에서 '시온'이라는 말이 이스라엘을 가리키는 것은 사실이지만, 이 구절에 담긴 영적 의미는 진실한 마음으로 이스라엘의 하나님의 이름을 부르는 모든 자에게 적용된다.

내가 이 말을 하는 이유는 때때로 사람들이 구약성경이 자신에게 적용되지 않는다고 말하면서 구약 말씀을 경시하기 때문이다. 그러나 이사야의 말은 예수님, 세례 요한, 사도 바울 그리고 다른 신약의 사도들과 신약서신의 기록자들에 의해 신약시대의 신자들에게 적용된다. 그들은 전혀 주저함 없이, 변명이나 설명조차 없이, 직접적으로 이사야의 예언을 신약의 교회에 적용했다. 그들이 그렇게 했다면 우리가 그렇게 하지 못할 이유는 없다. 우리는 그렇게 할 수 있을 뿐만 아니라 그렇게 해야 한다!

구약성경이 유대인들을 위한 것이었지만, 구약의 저자도 신약의 저자와 마찬가지로 '성령'이시다. 동일한 법칙이 본질적으로 구약과 신약에 똑같이 적용된다. 동일한 원리가 구약과 신약의 메시지의 바탕에 깔려 있다. 세대는 바뀌었지만 세대의 주인이신 하나님은 바뀌지 않으셨다.

잠에서 깨어나라!

이사야서 51장 1절에 나오는 "깰지어다, 깰지어다"라는 말은 물론 잠자는 사람들에게 하는 말이다. 잠자는 사람은 무의식과 비슷한 상태이거나 반쯤 무의식에 빠진 상태이다. 그의 감정과 사고는 매우 희미해져 있고, 주변에서 일어나는 일을 거의 의식하지 못하거나 전혀 의식하지 못한다.

야간열차를 타고 밤새 여행해야 할 경우에 나는 잠을 잔다. 사실 나는 기차에서 잠이 더 잘 온다. 좀 더 정확히 말하면, 더 오랜 시간 잠을 잔다. 기차가 적당히 좌우로 흔들거리고 기차바퀴가 리듬감 있게 덜커덩거리기 때문에 나는 아기를 흔들어 재우는 엄마 품에 안긴 아기처럼 잠에 빠져든다. 마치 어린 시절로 돌아간 느낌이다.

그러나 기차에서 자는 잠은 깊은 잠이 아니다. 기차에서 밤새도록 잠을 잤음에도 그 다음 날이면 몸 상태가 썩 좋지 않다. 평소보다 오랜 시간 잤지만 컨디션이 약간 떨어지는 것은 깊은 잠을 자지 못했기 때문이다. 깊은 잠을 자지 못한다는 것은 의식이 약간 깨어 있다는 것이다. 의식을 불빛에 비유해서 말하면, 전등이 완전히 꺼지지 않고 매우 흐려진 것이다. 불빛이 독서를 할 정도로 밝은 것은 아니지만 그래도 희미하게나마 남아 있는 것이다.

몇 년 전 비 오는 날 밤에 어떤 남자가 지선(支線) 철도가 있는 곳으로 나아가 산책을 하고 싶은 마음이 들었다. 그런데 산책을 하던 중 그 남자는 술에 취하여 철로 위에서 잠이 든 사람들 발견하게 되었고, 그를 철로 밖으로 끌어내어 참변을 당하지 않게 구해주었다. 그때 구조된 남자는 그 후 회심(回心)하여 찬송가 작가가 되었고 오랜 세월 그리스도인으로서 봉사해왔다.

술에 취해 철로에서 잠이 든 남자는 그 당시에 자신이 얼마나 위험한 상태에 있는지를 알지 못했다. 하나님의 인도하심에 따라 누군가에게 구조되지 않았다면 그는 철로에서 죽었을 것이다. 도덕적 잠에 빠진 사람들도 이 남자와 같은 처지이다. 그들은 위험에 처해 있으면서도 그것을 모른다. 잠자는 사람은 위험이 다가와도 전혀 불안을 느끼지 못한다.

그렇기 때문에 하나님께서는 "깰지어다, 깰지어다"라고 말씀하시는 것이다. 사도 바울도 "잠자는 자여 깨어서 죽은 자들 가운데서 일어나라 그리스도께서 너에게 비추이시리라"(엡 5:14)라고 외친다. 이런 잠은 영적 무감각에 빠지게 만들고, 영적 무감각은 복음주의 기독교를 무서운 영적 속박에 빠뜨렸다. 이런 속박에 빠진 자가 도덕적 영역과 영적 영역에서 어떤 모습을 보이는지를 살펴보자.

도덕적으로 멍한 상태에서 벗어나라

'도덕적 무감각'은 하나님께서 미워하시는 것을 행하는 뿌리 깊은 습관에 빠져 살면서 그 사실조차 의식하지 못하는 것이다. 물론 그런 습관은 영혼에 무척 해롭다. 그런 습관에 젖은 사람은 스스로 의식하지 못하는 가운데 자기를 파괴하고 다른 사람들에게 해를 끼친다. 그런 사람은 우리가 언급조차 하기 싫은 지옥을 향해 전속력으로 달려가면서도 그 사실을 모른다. 그는 영적으로 죽은 사람이기 때문에 지옥에 대해 걱정도 염려도 하지 않는다. 완전한 도덕적 무감각에 빠져 있는 것이다.

뉴잉글랜드(미국 북동부의 여섯 개 주를 총칭하는 말)에서 일어난 부흥에 관한 서적들에 '각성'이라는 단어가 사용되었으며 그 부흥을 '대각성 운동'이라고 불렀다. 도덕적 수면 상태에 있던 사람들, 즉 제멋대로 살던 사람들이 갑자기 각성했던 것이다. 내가 볼 때 지금은 '각성'이라는 말 자체를 별로 사용하지 않는 것 같다.

우리가 수면 상태에서 일할 수 있는가? 도덕적으로는 수면 상태에 있으면서도 지적으로는 깨어 있을 수 있다. 도덕적으로는 잠을 자면서 기업체를 운영하고 글을 쓰고 페인트칠을 하고 여행을 하고 비행기를 조종하고 야구를 할 수 있다. 다시 말해서, 사람들이 일상적으로 하는 거의 모든 일을 할 수 있다. 물론 이런저런 일들이 나쁜 것은 아니다. 일이 나쁜 것이 아니라 그 일을 하는 사람의 삶이 나쁜 것이다.

다시 말하지만, 지적으로나 육체적으로 깨어 있으면서 도덕적으로는 잠자는 것이 얼마든지 가능하다. 이런 잘못은 우리 가운데서 흔히 발견된다. 우리는 위험한 죄에 빠진 채 계속 도덕적 잠을 잔다. 도덕적 잠에서 깨어나기를 좋아하는 사람은 없다. 거짓말, 사기, 험담, 은밀한 죄, 인색함, 불평불만 같은 것에 빠져 있는 사람은 깊은 잠을 자고 있는 것이다. 그러나 그들을 그런 잠에서 깨우는 날, 즉 심판의 날이 머지않아 도래할 것이다. 심판의 날이 다가오고 있지만 그들은 여전히 잠에 빠져 있다.

과거 복음전도자들은 사람들을 위로하려고 애쓴 것이 아니라 그들을 깨우려고 애썼다. 그들은 "여러분이 이렇게 계속 잠을 자면 천사장의 나팔소리가 날 때까지 자게 될 것입니다"라고 외쳤다. 이런 외침을 마땅히 들어야 할 사람들이 오늘날 너무 많다. 그들은 바쁘고 행복하고 평안하고 주변에 즐길 것이 많다. 그들은 좋은 집에 살고 그들의 가족은 번성한다. 물론 이런 것들이 나쁜 것은 아니다. 문제는 육신적으로 복된 생활을 하면서 도덕적으로는 잠을 잔다는 것이다. 그들은 자신들이 도덕적으로 얼마나 가난한 자들인지를 알지 못한다.

  죄인들 중 소수의 사람들은 약간 깨어 있다. 그들은 도덕적으로 약간 갈등을 느끼지만 그래도 기본적으로는 잠에 취해 있다. 또 소수의 어떤 이들은 도덕적으로 많이 갈등을 느끼지만 그래도 크게 보면 무감각한 상태에 빠져 있다. 그들은 잠에서 어느 정도 깨어났지만 완전히 깨어나지는 못한 사람에 비유될 수 있다.

  아마 당신은 잠자리에서 일어난 후 5분이나 10분 동안 정신이 멍한 사람들을 보았을 것이다. 그들에게 무슨 진지한 이야기를 하는 것은 불가능하다. 나는 자신의 잘못에 대해 갈등을 느끼면서도 그것을 결국 인정하지 않는 사람들을 보았다. 그들은 자신의 잘못을 고치기 위해 어떤 행동을 할 만큼 도덕적으로 깨어 있는 것이 아니다.

  일부 사람들이 회심(回心)하는 것을 보면 그것이 하룻밤 잠을 잔 후 한순간에 깨어나는 것 같다는 생각이 든다. 다시 말해서, 그들은 잠에서 깨어나 잠시 동안 정신이 멍한 것이 아니라 즉시 정신이 말짱해지는 사람처럼 회심한다. 그러나 대부분의 사람들은 그런 식으로 회심하지 않는다. 그들은 좀 더 천천히 깨어난다. 어느 경우든 회심자들에게는 모두 온전한 각성이 있다. 그런 각성은 악을 행하던 죄인으로 하여금 자기의 악행과 그 악행의 위험성을 깨닫게 한다.

당신은 그리스도인 부모 밑에서 성장하면서 성경, 복음, 주일학교 그리고 다른 신앙인들에 대한 이야기를 많이 듣고 자랐는가? 그런 당신에게 각성이 일어나지 않았다면, 또 기도가 당신에게 아무 영향을 미치지 못한다면 당신은 도덕적 잠에 빠져 있는 것이므로 깨어나야 한다.

영적 분별력을 구하라

도덕적으로 잠자는 사람은 '영적으로도 잠을 자는 것'이다. 그런데 도덕적으로 깨어 있는 사람도 조금씩 뒷걸음질 치다가 일종의 영적 졸음 상태에 빠질 수 있다. 그런 사람은 차갑게 변하여 하나님, 하나님의 일, 그리스도인들, 성경, 기도, 그리고 자기부인에 대해 무감각해진다.

대개 사람들은 신앙에 관한 것들에 익숙해지면서 순박함을 잃어버린다. 영적으로 순박함을 잃어버리면 참신함과 뜨거움도 사라진다. 하나님도 멀리 계신 것처럼 느껴지고, 주님과의 영적 교제도 거의 사라지며, 하나님을 기뻐하는 마음도 거의 사라진다. 불쌍히 여기는 마음이나 열정이나 사랑이나 찬양을 거의 잃어버리고 차가운 상태에 빠지는 것이 영적 무감각이다.

그리스도인들은 항상 깨어 있도록 힘써야 한다. 또한 그들은 세상에서 일어나는 일들에 관심을 기울여야 한다. 대부분의 그리스도인들은 그들 주변에서 일어나는 일들에 관심을 갖지 않는다. 그들은 역사적 사건이나 시사 문제에 대해서는 안다. 하지만 그런 시사 문제가 진정 무엇을 의미하는지는 모른다. 방마다 텔레비전을 놓고 거의 모든 뉴스를 다 듣고 여러 신문과 〈타임〉지와 〈뉴스위크〉지를 구독한다 할지라도 세상에서 일어나는 일들의 진정한 의미를 알지 못할 수 있다.

기독교 신문이나 잡지는 온통 기독교 소식으로 도배를 한다. 아무개 목사가 무엇을 했다, 아무개 전도사가 무엇을 했다, 누가 어떤 단체의 회장으로 선출되었다, 누가 어디에서 집회를 인도했다, 누가 어느 대학의 총장이 되었다, 세례에 대해 누구와 누가 서로 논쟁을 벌였다 등 이런 뉴스들이 넘쳐난다.

그러나 기독교 뉴스와 교계 소식을 줄줄 꿰고 있는 사람도 그런 정보에 담긴 진정한 의미를 알아내는 영적 분별력이 없을 수 있다. 내가 하나님께 간절히 구하는 것은 바로 영적 분별력이다. 당신이 영적 분별력을 가지면 사람들은 당신을 닭장 속에 들어온 매처럼 신기하게 여길 것이다. 하지만 그들이 당신을 좋아하지 않을 것인데, 영적 분별력을 가진 사람으로 인해 영적 무감각에서 깨어나는 것을 원하지 않기 때문이다. 내가 이런 이야기를 하니까 누군가 다음과 같이 말할지도 모르겠다.

"토저 목사님, 전반적으로는 저도 목사님의 견해에 동의합니다. 하지만 한 가지는 잘못 짚으신 것 같습니다. 목사님은 영적으로 잠자는 사람을 깨워야 한다고 말씀하셨습니다. 하지만 성경의 교훈에 의하면, 죄인은 단지 잠을 자는 것이 아니라 영적으로 죽은 것입니다. 죽은 사람을 어떻게 깨웁니까?"

이렇게 말하는 사람은 "죄인을 그의 동의 없이 깨우려면 하나님의 주권적 은혜의 기적이 있어야 한다"라는 주장에 담긴 깊은 의미를 깨달아야 한다. 그렇다! 죄인이 깨어나 믿고 말씀을 듣기 위해서는 먼저 하나님께서 그의 동의 없이 주권적으로 그를 회심시켜 깨어나게 하셔야 한다.

잠자는 사람을 깨우는 것이 가능한가? 죄 안에서 죽은 사람을 깨우는 것이 가능한가? 이 질문에 대답하기 위해 심리학적 기술에 의지하는 것은 아무 소용없다. 비유를 들어보자. 당신은 고등학교에 다니는 열일곱 살짜리 아들을 깨워서 학교로 보낼 수 있는가? 정말 할 수 있는가? 그는 곯아떨어졌다. 그 나이 때는 누구나 쉽게 곯아떨어진다. 흡사 죽은 것과 비슷해진다. 온몸의 긴장이 풀어진 채 꿈나라를 헤맨다. 그렇게 깊은 잠에 빠져 있는 사람을 깨우려면 어떻게 해야 할까? 아들의 침대 옆에 서서 당신의 남편에게 이렇게 소리 칠 것인가?

"여보! 내 신학적 지식에 의하면, 이 아이는 잠자는 상태이기

1부 얕은 믿음을 버리라

때문에 내가 아무리 말해도 들을 수 없어요. 이 아이를 깨우려는 노력은 헛수고예요."

만일 사람들이 이 여자의 신학을 따른다면 어떤 교회에서도 각성이나 부흥이 일어날 수 없을 것이고, 각성을 외치는 선지자는 깨어날 수 없는 사람을 깨우려는 어리석은 짓을 한다고 비난받을 것이다.

선한 그리스도인이 되어라

아이작 왓츠(Isaac Watts, 1674~1748. 영국의 비국교파 목사로 수많은 찬송가를 지은 작가)는 잠자는 사람을 깨우는 것이 가능하다는 사실을 알았다. 그는 "먼지구덩이에서 일어나 아름다운 옷을 입어라"라고 말했다. 성경에서 옷은 의(義)와 거룩함과 근원적 선(善)과 도덕적 건전함을 상징한다. 오랫동안 나는 "어떤 사람을 가리켜 선한(착한) 사람이라고 말하는 것은 하나님을 모욕하는 것이다. 성경은 의인이 하나도 없다고 가르치기 때문이다"라고 주장하는 사람들에게 영향을 받았었다. 그러나 "바나바는 착한 사람이요 성령과 믿음이 충만한 사람이라 이에 큰 무리가 주께 더하여지더라"(행 11:24)라는 말씀 때문에 내 생각이 바뀌었다.

그리스도인은 무엇보다도 선한 사람이 되어야 한다. 기본적으로 선한 사람이 아니라면 어떻게 그리스도인이라고 불릴 수 있겠는가? 물론 그의 본성이 선하다는 말은 아니다. 본성에 의해 판단하자면, 그는 로레인 뵈트너(Loraine Boettner, 1901~1990. 신학자 및 저술가)가 말했듯이 "비뚤어진 존재로 태어나 악을 선택하는 죄인"이다. 진정으로 회심(回心)한 사람은 이 사실을 잘 알고 있다. 죄인을 회심시키실 때 하나님은 그의 이름을 어린양의 생명책에 기록하시고 그의 과거의 모든 죄를 용서하실 뿐만 아니라 그를 선한 사람으로 만드신다.

언젠가 어떤 사람이 내게 이렇게 편지를 썼다.

"나는 찰스 피니(Charles Finney, 1792~1875. 미국의 신앙 부흥 운동을 이끈 중심인물)의 책을 읽었습니다. 회심한 사람은 성령충만한 사람만큼의 거룩함을 보여야 한다는 피니의 주장에 나는 매우 놀랐습니다. 그는 우리가 지금 성화(聖化)라고 부르는 깨끗한 삶을 살지 않는 사람을 회심한 사람이라고 부르기를 원하지 않습니다. 우리의 종착지가 그에게는 출발점이었습니다."

그렇다! 피니는 그토록 철저했고, 그렇기 때문에 그의 회심자들 중 75퍼센트도 철저했다. 우리의 목적을 이루기 위해 주 예수님을 이용하는 것이 아니라 그분을 진정으로 섬기려면 우리가 아름다운 옷을 입어야 한다는 것이 피니의 주장이었다.

잘못된 동기에서 하나님을 구하는 사람들

시카고 〈데일리 뉴스〉의 칼럼니스트 시드니 J. 해리스(Sydney J. Harris, 1917~1986)는 철학자이면서도 연극 비평가로 일했다. 그는 한 칼럼에 이렇게 썼다.

"현대의 기독교 부흥을 볼 때 내 마음이 차가워진다. 왜냐하면 사람들이 하나님의 뜻에 따라 자기를 바치지 않고 오히려 그분을 이용하려고 들기 때문이다"

그런 다음 그는 "의(義)에 근거하지 않은 마음의 평안을 하나님께 구하는 것은 잘못이다"라고 덧붙였다.

그의 말을 들을 때 나는 "이 세대의 아들들이 자기 시대에 있어서는 빛의 아들들보다 더 지혜로움이니라"(눅 16:8)라는 말씀이 생각난다. 자유주의 신학을 추종하는 대학교에서, 또는 진리의 빛이 없을 것이라고 예상한 곳에서 우리는 가끔 어둠 속을 가로지르는 한 줄기 빛 같은 지혜의 말을 듣게 된다. 그 지혜의 말은 우리가 마음의 평안을 얻거나 부자가 되거나 직업을 얻기 위해 하나님을 이용하는 잘못을 범할 수도 있다고 경고한다. 하나님을 이용한다면 그분을 섬기는 것이 아니다.

내 남은 생애 동안 하나님께서 더 이상 내 기도에 응답하지 않으신다 할지라도 죽기까지 하나님을 섬기길 원하는 내 마음을 그분이 알아주시길 나는 원한다. 오늘부터 하나님께서 나를 위해 한 가지도 베풀지 않으신다 할지라도, 그분이 내게서 손을 떼시기 때문에 내가 육체적으로나 감정적으로나 재정적으로 산산조각 난다 할지라도, 하나님을 섬기기 원하는 내 마음을 그분이 알아주시길 원한다. 내가 하나님을 섬기는 것은 오직 그분이 하나님이시기 때문이다.

  우리 마음의 평안을 위해 예수님이 자신을 희생해 돌아가셨기 때문에 하나님께서 언제나 우리에게 선하게 대해주신다는 사상은 유치한 가짜 복음이다. 그런 사상이 유치한 가짜 복음이라는 것을 죄인들도 알고 자유주의자들도 알지만, 영적 무감각에 빠진 불쌍한 우리 그리스도인들만 모른다.

아름다운 무명의 동행자들

  근원적 선, 도덕적 건전함, 깨끗한 삶, 자비, 겸손, 용서하는 사랑, 속이지 않는 정직함, 내 앞에 없는 사람에 대해서도 거짓말을 하지 않는 진실함, 이런 것들이 얼마나 아름다운가! 이런 것들을 갖추는 게 아름다운 옷을 입는 것이다. 그런데 감사하게도 아름다운 옷을 입은 사람들이 일부 있다. 이 세상의 도처에는 의와 거룩함의 아름다운 옷을 입고 하나님과 동행하는 사람들이 있다. 유명인이 아니기 때문에 사람들의 주목을 받지 못하지만 그들은 하나님과 조용히 동행한다.

  토머스 그레이(Thomas Gray, 1716~1771. 영국의 시인)의 걸작 시(詩) 〈시골 교회묘지에서 읊은 만가〉에는 '밀턴 같은 재능이 있지만 시인이 되지 않은 수많은 사람들이 이곳의 관목들과 옥수수 단 사이를 걸었을 것이다. 밀턴이 느꼈지만 표현하지 못했던 것들을 그들도 느꼈을 것이다'라는 깊은 생각이 담겨 있다.

그의 시를 읽어보자.

용맹스러운 가슴으로
자기 들판의 작은 폭군에게 저항한
햄던과 같은 사람,
밀턴 같은 재능이 있지만
시 한 줄 쓰지 않은
무명인, 그리고
국가의 유혈 사태에 책임이 없는
크롬웰 같은 어떤 사람이
여기에서 쉬고 있을 것이다.

무명의 바울들과 무명의 다윗들이 지금도 이 땅에서 조용히 살아가고 있다고 나는 믿는다. 그리스도의 보혈이 우리를 지옥에서 구할 뿐 아니라 지금 이 땅에서도 우리를 깨끗하게 한다는 믿음으로 살아가는 그들은 평범하고 소박하고 경건한 사람들이다. 그들은 세상 사람들에게 주목을 받지 못하지만 '무명의 말 없는 밀턴'으로서 우리 가운데 살아가고 있다.

"시온이여 깰지어다 깰지어다 네 힘을 낼지어다 거룩한 성 예루살렘이여 네 아름다운 옷을 입을지어다 이제부터 할례받지 아니한 자와 부정한 자가 다시는 네게로 들어옴이 없을 것임이라"

(사 52:1).

여기서 이사야 선지자는 "네 힘을 낼지어다"라고 말하는데 성경은 우리의 힘이 성령의 능력에서 나온다고 가르친다.

이 세대의 그리스도인들이 영적 무감각에서 깨어나지 않으면 전대미문(前代未聞)의 영적 퇴보가 일어날 것이다. 지금 깨어 있는 우리 모두가 은혜 안에서 우리의 영적 권리를 누리고 우리의 의무를 다해서 성령충만해지기를 나는 기도한다. 성령충만할 때 우리는 일어나 세상에 빛을 비출 수 있다. 지금은 깨어날 때이다.

다음은 아이작 왓츠가 쓴 〈너희 아담의 아들들아!〉이다.

너희 아담의 아들들아!
허영에 빠진 철부지들아!
너희 눈을 즐겁게 하고 너희 혀를 기쁘게 하라.
네 마음이 원하는 즐거움을 맛보라.
네 젊은 열정을 마음껏 발산하라.

너희 계획대로 쾌락을 좇으라.
포도주와 음악으로 너희 마음을 즐겁게 하라.
즐거운 날에 마음껏 기뻐하라.
그러나 심판의 날이 임한다는 것을 알라.

위에서 내려다보시는 하나님께서
너희 생각을 기록하신다.
너희 은밀한 잘못이 그분의 책에 담긴다.
너희가 어둠 가운데 행한 일이
밝은 빛 가운데 모두 드러날 것이다.

너희의 어리석은 행위에 응당한 보응이 임하고
너희의 마음이 두려움으로 가득 찰 때
그분 앞에 어떻게 서려느냐?
그분의 은혜를 짓밟은 잘못을
어떻게 책임지려느냐?

전능한 하나님이시여!
그들의 눈이 유혹의 헛된 것을
보지 못하게 하소서.
그들이 각성하여 주님을 두려워하도록
당신의 말씀을 우레처럼 울리소서.

chapter 04

퇴보하는 신앙의 원인은
냉랭한 마음에 있다

마음이 굽은 자는 자기 행위로 보응이 가득하겠고 선한 사람도 자기의 행위로 그러하리라(잠 14:14).

신앙이 퇴보하는 그리스도인은 오늘날 교회를 병들게 하는 가장 심각한 위협들 중 하나이다. 그리스도의 재림 전에 세계 복음화의 사명을 완수하려면 교회가 이 심각한 위협을 해결해야 한다. 신앙의 퇴보라는 말은 이스라엘 민족의 '뒤로 미끄러짐'에서 유래했다. '뒤로 미끄러진다'라는 말을 하니까 뒤로 미끄러지는 어린 암소가 생각난다. 나는 어릴 적 농장에서 어린 암소가 뒤로 미끄러지는 것을 보았다. 미끄러운 제방을 올라가려고 할 때 어린 암소는 어느 정도 올라가다가 도중에 힘이 빠져서 몇 번 발버둥 치다가 결국에는 아래로 다시 밀려 내려왔다. 때로는 너무 지쳐서 아예 못 일어나는 적도 있었다.

농담할 의도가 전혀 없었던 하나님의 사람은 이스라엘 민족이 미끄러운 언덕을 오르기 위해 발버둥 치는 동물 같다고 말했다. 그들은 위로 오르기 위해 힘을 내어 시도했지만 어느 정도 오르다가 결국에는 원점으로 돌아오고 말았다.

마음을 새롭게 하지 않으려는 본성

신앙의 퇴보가 일어나는 데에는 두 가지 주된 원인이 있다. 만일 우리가 과거 상태에 그대로 머물러 있다면 그것은 좋은 것일 수도 있지만, 또 다른 면에서 보면 매우 끔찍한 것이다. 우리에게 변화가 전혀 일어나지 않는다면 얼마나 슬픈 일인가!

우리의 마음을 바꿀 수 있는 우리의 능력이 우리의 희망이다. "회개하라"는 하나님의 부르심은 최악의 상태에서 그보다 더 나은 상태로 변화하라는 부름이다. 한 가지 상태에서 다른 상태로 바뀔 수 없다면 우리는 도덕적 정체에 빠져 있는 것이다. 도덕적 정체는 정말 끔찍한 것이다. 한 가지 도덕적 상태에서 다른 도덕적 상태로 바뀌는 것이 가능하기 때문에 우리는 악에서 벗어나 선해질 수 있고, 또 하나님과 올바른 관계를 맺을 수 있다. 과거에 악했다 할지라도 지금 선하게 될 수 있다. 과거에 거룩하지 못했다 할지라도 지금 거룩하게 될 수 있다. 한 가지 도덕적 상태에서 다른 도덕적 상태로 변하고 마음을 바꿀 수 있는 능력이 있기 때문에 우리는 신앙의 퇴보에 빠지지 않을 수 있다.

일반적으로 볼 때, 사람들이 언제나 포기하지 않고 매달리는 것은 본능적인 것이다. 다시 말해서, 먹고 마시고 잠자고 자기를 보호하는 것 같은 본능적인 일은 시키지 않아도 잘한다. 인류가 존속하는 한, 사랑과 결혼 같은 것들은 언제까지나 계속될 것인데 그것들이 인간의 깊은 본능에 속하기 때문이다. 그러나 계획을 세워서 노력해야 하는 것은 끝까지 밀고 나가기가 쉽지 않다.

사람들은 쉽게 할 수 있는 것이나 자연적으로 할 수 있는 것을 따르는 경향이 있다. 물론 약간의 예외는 있다. 세금처럼 공권력이 있는 것이나 불가항력적인 자연의 힘에 순응하는 것이 그런 예외에 속한다. 하지만 그 밖의 다른 경우들에서 대개 우리는 우리가 좋아하는 것이나 우리에게 자연스러운 것을 따른다.

이런 우리의 속성 때문에 우리는 신앙의 퇴보에 빠지기 쉽다. 큰 두려움에 빠지거나 사별의 아픔을 겪는 사람은 일시적으로는 하나님을 의지하지만, 그 상태를 지속시킬 수 있는 본능은 그에게 없다. 오히려 그의 본능은 반대 방향으로 작용한다. 성경 읽기나 기도 같은 경건 생활에 점점 싫증을 내는 것이 그의 본능이다. 그런 본능 때문에 조금씩, 조금씩 경건 생활에서 멀어지다가 결국에는 신앙의 퇴보에 빠지는 것이다.

이런저런 과정을 통해 복음에 영향을 받아 하나님께 어느 정도 가까이 간 적이 있는 사람들을 상대로 여론 조사를 해보라. 현재 그들은 하나님은 까맣게 잊어버리고 살고 있을 것이다. 그들은 마치 하늘에 하나님이 계시지 않은 것처럼 살아간다. 그들이 스포츠 경기장의 관람석을 꽉 메우고 있는 것을 보면 당신은 벗어나기 힘든 충격에 빠질 것이다. 어떤 사람들은 하나님께 가까이 갔거나 심지어 그분을 만났지만 그것이 오래 지속되지 못했다. 그것은 그리스도를 섬기는 것이 인간의 본성과 반대되기 때문이다. 사실, 본능에 의지하면 믿음을 지속시킬 수 없다. 인간의 마음이 변덕스럽기 때문에 사람들은 하나님으로부터 멀어지고 신앙의 퇴보에 빠지는 것이다.

악한 마음

신앙이 퇴보하는 또 다른 원인은 사람이 선천적으로 갖고 태어나는 '악한 마음'이다. 인간의 타고난 본성은 선한 것을 거부한다. 우리는 두 가지를 기억해야 한다. 만일 인류가 타락하여 죄에 빠진 일이 없었다면, 다시 말해서 창조 때 하나님께 받은 그분의 형상을 그대로 간직하고 있다면 하나님을 섬기는 것이 무척 자연스러울 것이다. 마치 하늘에 있는 천사들이나 하나님의 보좌 옆에 있는 스랍들이 하나님을 섬기는 것이 자연스럽듯이 말이다. 그들이 하나님으로부터 멀어지도록 만들 수 있는 것은 아무것도 없다.

하나님을 섬기도록 창조된 존재는 그분을 섬기는 것이 자연스럽다. 마치 오리가 물에서 헤엄치는 것이 자연스럽듯이 말이다.

오리는 자기의 본능을 따라서 헤엄치는 것이다. 하늘의 천사들은 그들의 본성을 따라서 하나님을 섬기는 것이다. 만일 당신과 내가 본래 창조된 상태 그대로 죄가 없는 상태라면 천사들처럼 하나님을 섬길 수 있을 것이다. 하나님을 섬기는 것이 땅속의 압력에 의해 샘물이 자연스럽게 솟아오르는 것처럼 자연스러울 것이다. 그러나 안타깝게도 우리는 타락한 존재이다.

에덴동산에서 타락이 없었다면 우리는 타락 이전에 아담이 행한 선(善)을 쉽게 행할 수 있을 것이다. 그러나 죄 때문에 우리는 그런 능력을 상실했다. 죄가 우리의 본성을 변질시켰다. 그리하여 이제 기도는 우리에게 더 이상 자연스러운 것이 아니다. "하늘에 계신 우리 아버지시여"라고 기도할 때 우리 모두에게는 죄의 본성이 있다. 죄가 우리를 지배하게 되지 않았다면 우리는 새처럼 힘들이지 않고 목소리를 높여서 하나님을 찬양할 것이다. 죄의 지배를 받지 않는다면 우리는 하나님으로부터 멀어지지 않을 것이고 우리의 찬양은 결코 식지 않을 것이다.

신앙의 퇴보는 언제나 마음에서 시작된다. 사람들은 "가정 때문에, 직장 때문에, 학교 때문에, 질병 때문에, 과로 때문에, 시간이 없기 때문에" 같은 핑계를 대면서 환경을 탓한다. 그러나 환경은 외적인 요인일 뿐이라는 것을 명심하라. 신앙의 퇴보는 마음에서 시작된다. 우리의 마음이 식을 때 우리 자신보다 하나님께서 먼저 그 사실을 아신다. 하나님이 아닌 다음에 우리가 알게 된다. 신앙의 퇴보는 항상 이런 순서로 발견된다. 우리의 신앙이 퇴보하면 세상보다 교회가 먼저 안다. 물론 교회보다 먼저 아는 것은 우리 자신이고, 우리보다는 하나님이 먼저 아신다. 다시 말하지만, 신앙의 퇴보는 항상 마음에서 시작된다.

냉랭해진 마음을 살피라

신앙이 퇴보하는 사람의 마음속에서는 무슨 일이 일어날까? 우선, 그는 하나님의 일에 대해 흥미를 잃고 점점 옛날의 습관으로 돌아가거나 옛날의 죄보다 더 교묘한 죄에 빠진다. 하나님에 대한 관심을 잃어버린다. 몇 주 전이나 몇 달 전만큼 마음이 뜨겁지 않다. 하나님을 향한 사랑이 식어간다. 그 다음 그는 하나님과 나누는 교제에 흥미를 잃어간다. 만일 당신이 과거만큼 하나님과 교제를 나누지 않으면 마음속에서 이미 신앙의 퇴보가 시작된 것이다. 기도하기를 과거만큼 좋아한다면 신앙이 퇴보한 것이 아니다. 그러나 기도하기를 과거만큼 좋아하지 않는다면 신앙의 퇴보에 빠진 것이라고 결론 내리지 않을 수 없다.

환자의 혈액을 검사한 결과 혈구 수가 감소해 환자의 건강이 악화되었음을 알게 된 의사는 어떻게 해야 할까? 환자의 등을 두드리며 그에게 "아무 문제가 없을 것이니 토요일에 만나 골프나 칩시다"라고 말하면 될까? 그런 의사가 있다면 그는 의사의 본분을 망각한 엉터리 의사이다.

그가 할 일은 분명하다. 환자에게 검사 결과를 알려주면서 "전보다 상태가 나빠졌습니다. 이제부터 제 지시를 잘 따르십시오"라고 말해야 할 것이다. 그리고 그의 건강 회복을 위한 구체적 방법을 제시해야 할 것이다. 검사 결과를 환자에게 분명히 말해주는 의사가 정직한 의사이다.

신앙의 퇴보는 하나님과의 인격적 교제의 습관을 잃어버린 것이다. 옛날 찬송가를 불러보라. 그러면 옛 찬송가 작가들이 하나님과의 교제를 얼마나 사모했는지를 알게 될 것이다. 하나님과의 교제가 그들에게는 너무 달콤했다. 오늘날 우리는 다른 것들에 시간을 뺏기기 때문에 하나님과 교제할 시간이 없다. 하나님 앞에서 조용한 시간을 갖지 못하도록 방해하는 것들이 너무 많다.

앞에서 말했듯이, 신앙의 퇴보는 마음에서 시작된다. 환경에서 오는 것들은 마귀의 뜻을 이루도록 돕는 외적 요인일 뿐이다. 마음에서 신앙의 퇴보가 시작된 사람은 신앙생활에 약간 싫증이 나기 시작한다. 당신은 믿음이 뜨거운 그리스도인에게 싫증을 느끼는가? 당신은 사람들과 커피를 마시며 이야기를 나눌 때 누군가 하나님에 대한 얘기를 꺼내면 따분해지거나 약간 당혹감을 느끼는가? 만일 그렇다면 당신은 자신의 마음을 살펴야 한다. 하나님과 하나님의 말씀과 세상에서 하나님의 일이 대화 주제로 떠오를 때 지루함을 느낀다면 당신의 마음이 잘못된 것이다.

여기서 내가 솔직히 언급해야 할 것이 하나 있다. 일부 신앙인들이 사람들을 지루하게 만드는 것은 사실이다. 그런 사람들은 부적절한 상황에서 신앙에 대한 얘기를 꺼낸다. 그렇게 하는 이유는 진정성이나 자발성 때문이 아니라 훈련받은 물개처럼 그렇게 하도록 교육받아서 생긴 습관 때문이다. 그런 사람들을 보면 천사장도 따분해할 것이다.

그런 사람들이 아니라 진실로 기쁨으로 충만하고 정직한 그리스도인이 하나님에 대한 얘기를 꺼냈을 때 당신이 지루함이나 당혹감을 느낀다면 하나님으로부터 멀어지고 있는 것이다. 다시 말하지만, 종교에 대한 이런저런 잡담은 누구라도 따분하게 만들 것이다. 그러나 그런 잡담이 아니고 하나님에 대한 영적(靈的) 대화에서 지루함을 느낀다면 당신의 마음에 문제가 생긴 것이다. 이런 문제가 생긴 사람이 할 수 있는 최선의 방법은 하나님 앞에서 그 사실을 인정하는 것이다!

비판하는 마음의 문제

신앙에 문제가 생기고 있다는 것을 보여주는 또 다른 증상은 설교자들을 비판적으로 보는 시선이다. 어떤 사람들은 빌리 그레이엄 같은 설교자가 아닌 다른 설교자들의 설교를 듣기 싫어한다. 소박하고 선하고 정직한 설교자가 약간의 실수를 범하며 힘들게 설교할 때 그들은 "이 사람은 너무 평범한 설교자이다"라고 말한다. 예배 참석자 중 그런 사람들이 많은 것은 아니지만 그들은 탁월한 설교자의 설교가 아니면 열정을 느끼지 못한다.

그러나 하나님을 가까이 하는 사람은 누구의 메시지든지 들을 수 있는 겸손한 마음이 있다. 그런 마음이 없는 사람은 "하나님, 누구의 메시지든 간에 겸손한 마음으로 듣고 영적 유익을 얻게 하소서"라고 기도해야 한다. 물론 나는 위선자나 믿음이 있는 척 하는 사람에게서 도움을 받으라고 말하는 것이 아니다. 우리에게 도움을 줄 수 있는 것은 위선자들이 아니라 정직한 하나님의 사람이다.

우리는 흠 잡기 식으로 비판하는 습관에 빠지지 않도록 조심해야 한다. 물론, 개선을 위한 비판은 허용되어야 한다. 사역자들의 글과 설교와 기도와 권면이나 새 찬양대의 찬양의 질을 높이기 위해 내놓은 지적이나 비판은 전혀 문제가 되지 않는다. 그러나 단지 흠을 잡기 위해 비판을 해대는 것은 잘못이다. 요컨대, 정직한 사람이 메시지를 전하거나 찬양을 하는데 우리의 마음이 감동을 받지 못한다면 신앙의 퇴보가 시작된 것이다.

주일 예배에 참석하는 모든 사람들이 믿음이 식은 사람들이라면, 그들의 마음이 냉랭하다면, 겉으로는 경건해 보이지만 속은 완전히 말라버렸다면, 많은 목회자는 그날 오후 본당 어딘가에서 고개를 숙이고 울면서 "내가 무엇을 했기에, 또 내가 무엇을 하지 않았기에 우리 교인들이 저런 상태인가?"라고 탄식할 것이다.

솔로몬은 "신앙이 퇴보하는 자는 자기 행위로 보응이 가득하겠고 선한 사람도 자기의 행위로 그러하리라(잠 14:14, '신앙이 퇴보하는 자'가 개역개정판 한글성경에서는 '마음이 굽은 자'로 번역되어 있다-역자 주)"라고 말했다. 이 성경구절에는 "신앙이 퇴보하는 자는 머지않아 자신의 한계를 뼈저리게 느끼게 된다"라는 뜻이 들어 있다. 이 말이 무슨 뜻인가? 신앙이 퇴보하는 자는 기도하려고 시도할 때 자신의 한계를 느끼고 당혹감에 사로잡히는데, 그것은 경건해지는 것이 매우 힘들게 느껴지기 때문이다.

사람들 앞에서 기도를 해야 할 때 자기 나름대로 시도해보지만 그의 마음은 이미 오래전에 하나님과의 교제에서 멀어졌다. 비유를 들자면, 그런 사람에게 기도를 부탁하는 것은 전기가 흐르지 않는 콘센트에 플러그를 꽂는 것과 같다. 그런 사람이 간증을 할지라도 그의 간증은 공허하고 진실성이 없고 메마르다. 그럼에도 불구하고 그가 간증하기를 사양하지 않는 것은 선한 그리스도인이라는 평판을 계속 유지하고 싶기 때문이다.

교회에서 선한 그리스도인이라고 소문난 사람들은 많다. 그러나 그들은 하나님으로부터 멀어졌고 그분과 더 이상 교제하지 않는다. 과거의 신앙적 열정은 식었고 하나님의 임재를 거의 느끼지 못한다. 하지만 선한 그리스도인이라는 평판을 잃고 싶지 않기 때문에 그들은 장로나 청년회 부장이나 성가대 임원으로 선출되는 것을 마다하지 않는다. 그런 사람들이 교회의 중책을 맡는 것은 암담한 일이다. 하나님을 향한 그들의 마음이 식어버렸기 때문이다. 하나님이 보시기에 그들의 마음이 식었는데 그들이 스스로 그것을 인정하지 않는다면 그들은 하나님과 신앙에 싫증을 내는 단계에 이른 것이다. 그런 사실을 인정하면 부끄러움을 느낄 것이기 때문에 그들은 그것을 인정하지 않는다. 그러나 분명 그들의 마음은 냉랭해졌다.

예수님의 분명한 책망

당신이 보기에 하나님께서 우리를 어떻게 생각하실 것 같은가? 요한계시록에서 예수님은 "너를 책망할 것이 있나니 너의 처음 사랑을 버렸느니라"(계 2:4)라고 말씀하셨다. 예수님이 교회를 책망하신 이유는 벌써 제2세기에 교회에서 신앙의 퇴보가 있었기 때문이다. 교회는 예수님을 향한 사랑을 잃어가면서도 그 사실 자체를 인정하려고 하지 않았기 때문에 책망을 받았다.

에베소교회에서 설교했던 장로, 성찬용 접시를 돌리던 집사, 교회의 중책을 맡은 교인 중 그 누구도 사람들 앞에서 "나는 하나님께 싫증이 나고 신앙생활이 따분합니다"라고 말하지 않았다. 그러나 예수님은 "전에 뜨겁던 네 마음이 이제 더 이상 뜨겁지 않다. 네 미소가 사라졌고 네 숨결이 따스하지 않다. 네 목소리에서 사랑을 느낄 수 없다. 나는 과거의 네가 그립다"라고 말씀하셨다. "네가 처음 사랑을 버렸다"라는 것이 예수님이 진단하신 결론이었다. 믿음이 식은 상태로 얼마 동안 지낸 사람은 공허한 간증으로 경건의 겉모양을 유지하는 것에 결국 싫증을 느끼게 된다. 그런 사람은 경건한 사람들과 나누는 하나님에 대한 대화를 즐기는 척하는 것이 결국 지겨워진다.

어떤 사람들은 계속되는 교회 출석에 싫증을 낸다. 아마도 그들은 "애들을 주일학교에 보내지 마십시오. 주일이 되면 일찍 일어나 애들하고 외출하십시오"라는 누군가의 조언을 따르기로 결정할 것이다. 나는 다른 사람들의 결정을 존중해주는 것이 좋다고 생각하지만 사람들이 즐거운 마음으로 교회에 출석하고 즐거운 마음으로 자녀들을 주일학교에 보내면 정말 좋겠다.

물론, 교회 가기 싫은 경우가 누구에게나 생길 수 있다. 신앙집회에 참석하기 싫지만 억지로 참석하는 경우들이 내게도 있었다. 그런 신앙집회가 내게 유익이 되지 못했고 내가 그런 집회를 위해 할 수 있는 것도 없었기 때문이다. 하지만 그럼에도 불구하고 내가 참석했던 이유는 그렇게 하지 않을 수 없는 상황 때문이었다. 내가 하기 싫은 것을 하면 얼마 못 가서 싫증이 나기 마련이다. 어떤 것에 싫증이 난다면 그것은 내가 그것을 좋아하지 않는다는 증거이다.

우리가 또 생각해볼 수 있는 문제는 헌금에 관한 것이다. 마음이 뜨거운 하나님의 사람들은 자발적으로 헌금을 드린다. 그들은 헌금 드리기를 좋아한다. 그들이 기쁜 마음으로 헌금을 드리는 것은 그것이 즐겁기 때문이다.

내가 그리스도인이 아니라면 십일조를 드리지 않을 것이다. 우리가 잘 알듯이, 자판기에 돈을 넣고 버튼을 누르면 상품이 나온다. 그런데 이런 원리를 신앙에 그대로 적용하는 사람들이 있다. 그들은 사람들에게 "십일조를 드리면 그렇지 않을 때보다 더 부자가 될 수 있습니다"라고 말한다. 사람들로 하여금 십일조를 드리게 만들려는 이런 저급한 시도는 기독교적인 것이 아니다. 영적인 것도 아니고 품위 있는 것도 아니다. 만일 당신이 헌금을 드리면 부자가 될 것이라고 믿으면서 예배 때 헌금을 한다면 당신은 어떤 사람이 될까? 십일조를 하면 수입이 늘어날 것이라고 믿으면서 십일조를 드린다면, 그것은 '부자가 되기 위한 십일조'에 지나지 않는다.

영적 기쁨을 잃어버린 사람은 습관적으로 하는 헌금을 어느 정도 지겹게 느낄 것이다. 그러다가 얼마 후면 습관적 헌금에 완전히 싫증을 느낄 것이다. 그런데 나는 그런 시점이 그에게 빨리 올수록 그만큼 더 좋다고 생각한다. 그런 사람은 영적 기쁨을 회복하고 습관적 헌금에서 탈피하여 즐겁게 헌금해야 한다. 하나님은 그런 사람을 바로잡아 주기를 원하신다.

갈라디아서 6장 1절에서 사도 바울은 이렇게 가르친다.

"형제들아 사람이 만일 무슨 범죄한 일이 드러나거든 신령한 너희는 온유한 심령으로 그러한 자를 '바로잡고' 너 자신을 살펴보아 너도 시험을 받을까 두려워하라"(갈 6:1).

여기에서 사용된 "바로잡고"(restore)라는 표현은 의학 용어인데, 이는 탈구(脫臼)된 팔이나 어깨를 바로잡을 때 사용되는 용어이다. 하나님께서 그분의 영적 가이거계수관(Geiger counter, 방사능 측정기)으로 우리의 마음 구석구석까지 측정하시는 큰 은혜를 베푸시기를 나는 기도한다. 우리 마음의 어느 부분이 식어버렸다면 하나님께서 찾아내어 바로잡아 주시기를 나는 간절히 원한다.

예수님이 우리를 바라보실 때

베드로가 예수님을 부인했을 때 그분은 돌이켜 그를 보셨다.

"주께서 돌이켜 베드로를 보시니 베드로가 주의 말씀 곧 오늘 닭 울기 전에 네가 세 번 나를 부인하리라 하심이 생각나서 밖에 나가서 심히 통곡하니라"(눅 22:61,62).

예수님과 베드로의 시선이 마주쳤을 때 그분은 아무 말씀도 하지 않으셨을 것이다. 예수님은 단지 돌이켜 베드로를 보셨다. 이 일이 있기 전에 무슨 일이 일어났는지를 잠깐 정리해보자. 당신의 이해를 돕기 위해 쉽게 풀어서 얘기하겠다.

예수님이 붙잡히셨을 때 베드로가 그분을 따라갔고, 한 여자가 베드로에게 "너도 예수의 추종자들 중 하나이다"라고 말했다. 그러자 베드로는 "그렇지 않다"라고 대답했다. 다른 여자가 다시 "네 말투를 보니 틀림없다"라고 말했을 때 그는 "아니다"라고 말했다. 또다시 다른 사람들이 "내 말이 맞다. 네 말이 네가 누구인지 드러낸다"라고 말했을 때 그는 "나는 그리스도인이 아니다. 그리스도인이 행하지 않을 일도 나는 행할 수 있다"라고 말했다. 그리고 그는 저주했다. 그의 거짓된 행동은 "내가 그리스도인처럼 행하면 예수님처럼 체포될 것이다"라는 그의 마음속 계산을 드러낸다. 자기가 그리스도인이 아님을 증명하기 위해 그는 저주까지 했다. 그러자 사람들은 결국 "저렇게까지 하는 것을 보니 이 사람은 그리스도인이 아니다"라고 결론 내렸다.

십자가에서 돌아가시기 전에 예수님은 그 저주한 사도를 돌이켜 보셨다. 베드로는 교육을 많이 받은 사람이 아니었지만 똑똑한 사람이었다. 예수님과 시선이 마주쳤을 때 상처와 고통과 슬픔과 갈망과 사랑으로 가득한 예수님의 얼굴이 그의 눈에 확 들어왔을 것이다. 그는 도저히 감당할 수 없었다. 서둘러 밖으로 나간 그는 어딘가에 서서 얼굴을 손에 파묻고 심히 통곡했다. 그의 통곡을 표현한 헬라어를 보면, 그의 눈에서 주체할 수 없을 정도로 눈물이 흘렀음을 알 수 있다. 그가 대성통곡한 것은 예수님이 무슨 말씀을 하셨기 때문이 아니다. 예수님은 단지 그를 바라보셨을 뿐이다! 온유한 예수님이 당신을 바라보실지도 모른다. 예수님은 아무 말씀 없이 단지 바라보실 뿐이다. 그럴 때 당신은 어떻게 반응할 것인가?

A. B. 심슨(A. B. Simpson, 1843~1919)이 쓴 〈네 마음을 정하라〉라는 시(詩)를 읽어보자.

예수께서 빌라도의 법정에 서 계시니

모두에게 버림받고 배신당해 혼자이시다.

잘 들어보라!

저 갑작스러운 부름이 무엇일까?

네 마음을 정하라.

예수께서 조용히 재판을 받으시니

당신은 거짓 편에 서려는가?

아니면 해를 각오하고 진실 편에 서려는가?

빌라도처럼 그분을 피하려는가?

고난을 각오하고 그분을 택하겠는가?

그분을 피하려고 해봤자 헛수고니

네 마음을 정하라.

베드로처럼 네 주님을 부인하려는가?

아니면 그분의 원수들과 담대히 맞서겠는가?

그분을 위해 살기도 하고 죽기도 하겠는가?

네 마음을 정하라.

그분께 이렇게 말씀드려라.

"예수님, 오늘 제 마음을 드립니다.

예수님, 주님을 끝까지 따르겠습니다.
주님께 기꺼이 순종하겠습니다."

예수님을 향해 네 마음을 정하라.
중간지대는 없도다.
언젠가 너는 "예수님이 나를 어떻게 하실까?"라고
"예수님이 나와 함께 무엇을 할 것인가?"라고
묻게 될 것이다.

chapter 05

자신의 행위를 살피고
생명의 길을 선택하라

"만군의 여호와가 말하노니 너희는 자기의 행위를 살필지니라"(학 1:7).

인간은 무엇인가에 대해 자꾸 생각해보고 따져보는 본능을 지니고 태어났다. 그런 본능에 따라 인간은 다른 사람들의 행위를 요리조리 평가하는 습관에 잘 빠진다. 바리새인들은 자신의 죄는 모르고 남의 죄는 잘 알았던 부류였다. 그들은 창녀와 세리와 술꾼의 죄는 잘 생각하면서 자신의 죄는 전혀 생각하지 않았다. 그러나 성경은 "너희는 자기의 행위를 살필지니라"라고 말씀한다. 하늘로부터 들리는 이 말씀은 우리 자신을 면밀히 살피라는 의미이다.

그러나 현대 사회는 우리가 이 말씀대로 살지 못하도록 방해하기 위해 일치단결하는 것 같다. 사회의 제도와 조직은 다른 것은 다 허용해도 우리 자신의 행위를 살피는 것만큼은 허용하지 않는 것 같다. 그러나 자신의 행위를 살피는 것이야말로 이 세상의 그 무엇보다도 중요한 일이다.

자신을 정직하게 돌아보라

우리는 집이나 자동차나 여행이나 건강 문제에 대해 나름대로 깊이 생각한다. 그렇게 하는 것은 사실 필요한 일이다. 그러나 우리가 이 세상을 살아가면서 깊이 생각해야 할 그 어떤 문제보다 중요한 것은 우리의 행위에 대해 정직하게, 깊이, 진지하게, 머리를 짜 내어 생각하는 것이다. "너희는 자기의 행위를 살필지니라"라는 성경의 교훈은 우리의 도덕적 문제를 살피라는 말씀이다. 우리가 살펴야 할 것은 바로 우리 자신의 행위인데 사실 우리는 그 반대로 행한다. 그러나 성령께서는 우리로 하여금 우리의 행위를 살피도록 인도하신다.

인간사의 모든 것은 과거 그리고 미래와 연결되어 있다. 우리의 모든 행동, 존재하는 모든 것, 그리고 우리의 모든 말은 과거의 결과인 동시에 미래의 또 다른 결과의 원인이다. 쉬운 예를 들어보자. 둥지에 들어 있는 새알이 여기에 있다. 새알은 그 알을 낳은 새의 행동의 결과로 둥지 안에 있는 것이다. 그러면서도 새알은 미래의 어떤 것, 즉 장차 부화할 새끼 새의 원인이다. 다시 말해서, 새알은 과거의 어떤 것과 미래의 어떤 것 사이에 있는 연결고리다. 우리의 생각과 말과 행동도 그와 같다. 우리의 현재의 생각과 말과 행동은 우리의 과거의 생각과 말과 행동을 우리의 미래의 생각과 말과 행동에 이어주는 연결고리이다.

모든 것은 결과를 낳는 법이다. 저주 또는 복이 원인 없이 찾아오지 않는다. 모든 것은 다른 어떤 것의 결과인 동시에 또 다른 어떤 것의 원인이 된다. 오늘 우리의 입에서 무심코 나오는 말조차 우리의 어제의 마음 상태의 결과이다. 또 오늘의 우리의 말은 내일 그 결과를 낳는다. 그 결과가 미미한 것일지라도 결과가 없을 수는 없다. 다시 말하지만, 우리의 현재의 생각과 말과 행동은 과거 우리가 한 선택의 결과인 동시에 미래의 우리의 생각과 말과 행동의 원인이 된다.

모든 것에는 두 가지 중요성이 있다. 하나는 그 자체의 중요성이고, 다른 하나는 그것이 일으키는 결과의 중요성이다. 우리는 지성(知性)을 가진 도덕적 존재이기 때문에 우리의 행위에 책임을 져야 한다. 우리는 우리의 모든 말과 행동에 대해 장차 하나님 앞에서 책임을 져야 한다. 이 사실을 믿고 기억하는 사람은 자신의 삶의 방식을 바꾸게 될 것이다.

자신이 죄인임을 아는 죄인

원인과 결과에 대한 이런 얘기가 적용되어야 할 가장 중요한 영역은 우리의 삶과 도덕이다. 우리의 삶과 도덕이 우리의 영원한 운명에 영향을 주기 때문이다. 어떤 도덕적 기준을 갖고 어떤 삶을 살았느냐 하는 것이 천국과 지옥을 가를 것이다.

그리스도를 진정으로 영접한 행위는 우리의 도덕적 삶 전체에 즉시 영향을 미친다. 예수 그리스도를 진정으로 영접한 사람은 악한 사람에서 선한 사람으로 바뀐다. 자기의(自己義)에 빠진 더럽고 악한 사람을 '은혜'라는 속임수를 통해 천국에 집어넣는 것은 하나님의 방법이 아니다. 하나님이 어떤 사람을 구원하실 때 그분은 그를 죄에서 구원하신다. 만일 그가 죄에서 구원받은 것이 아니라면 그는 전혀 구원받은 것이 아니다. 거룩하지 않은 사람을 하나님 앞으로 데려가거나 악한 사람을 거룩한 천국에 집어넣을 수 있는 은혜나 자비나 칭의(稱義)는 없다. 그런 은혜나 자비나 칭의가 있다면 그것은 가짜이다.

예수님은 의인을 부르기 위해서가 아니라 죄인을 불러 회개시키기 위해 오셨다. 그분은 자기가 의인이라고 믿는 사람들을 부르기 위해서가 아니라 자기가 죄인이라고 생각하는 사람들을 부르기 위해 오셨다. 우리를 예수님께로 불러서 구원하실 때 그분은 우리의 과거와 죄악으로부터 우리를 구원하신다. 칭의(稱義)와 중생(重生)과 성화(聖化)를 통해 그분은 우리를 천국에 적합한 사람으로 만들어주신다.

평생 목욕 한 번 하지 않아 이가 득실득실한 사람에게 최고급 옷을 입힌다고 해서 그가 멋쟁이가 될까? 결코 그렇지 않을 것이다. 평생 동안 쌓인 도덕적 때를 벗기지 않은 사람에게 의(義)의

옷을 입혀서 의인으로 만드는 것이 칭의라는 생각은 잘못된 것이다. 그런 더러운 사람은 온전하게 된 의인들과 천사장과 스랍들과 그룹들이 보는 가운데 거룩한 하나님 앞에 당당히 서서 "본래 나는 지옥에 가야 마땅한 더러운 사람이지만 아무도 나를 지옥에 보낼 수 없습니다. 내가 그리스도의 의의 옷을 입고 있으니 이제 아무 문제 없습니다"라고 말할 수 없다.

하나님은 오직 죄인만을 구원하실 수 있다. 좀 더 구체적으로 말하면, 자신이 죄인임을 아는 죄인만을 구원하실 수 있다. 자기가 죄인이라고 인정하는 죄인만을 구원하신다. 하나님께서 죄인을 구원하신다는 것은 죄인을 선인으로 바꾸고 성령충만하게 하신다는 것을 의미한다. 이런 진리를 부정하는 교리를 가르치면 그것이 바로 이단이다. 청교도 존 뉴턴(John Newton, 1725~1807. 찬송시 작가로 〈나 같은 죄인 살리신〉을 지었다)이 오늘날 떠돌아다니는 잘못된 교리를 들으면 기절초풍할 것이다.

우리의 선택이 낳는 영향력

우리의 모든 행동은 도덕적 의미를 지니기 때문에 결국 우리에게 영향을 미친다. 이것은 우리가 알아야 할 지극히 중요한 사실이다. 나는 사람들이 겉에 입고 있는 옷을 볼지라도 속아 넘어가지 않는다. 성령께서도 속지 않으신다. 선한 모습이나 피부색이 그분에게 감동을 줄 수 없다. 교육 수준이나 학위나 출신지가 그분의 마음을 움직일 수 없다. 다시 말하지만, 우리의 선택에 의한 우리의 행동은 도덕적 의미를 갖는다. 그렇기 때문에 우리의 행동에 따라 우리의 미덕이 성숙해질 수도 있고 뿌리째 썩어버릴 수도 있다. 아마 당신은 미덕이 뿌리째 썩어버린 사람들을 만나 보았을 것이다. 그런 사람들은 뿌리가 썩어 곧 쓰러지려고 하는 나무 같은 사람들이다.

우리의 모든 행동은 부차적 결과를 낳는데 다른 사람들에게 끼치는 영향이 바로 그것이다. 우리는 이 세상에서 홀로 살아가는 것이 아니다. 직접적이나 간접적으로 우리는 다른 사람들에게 깊은 영향을 끼친다. 만일 당신이 조심하지 않고 살아가는 그리스도인이라면 누군가 당신을 핑계 삼아 자기의 무거운 죄를 합리화할지도 모른다. 또는 그렇게까지는 하지 않더라도 밤에 하나님 앞에서 무릎을 꿇고 "하나님, 저를 아무개 형제처럼 만들어주십시오"라고 기도할지도 모른다. 분명히 말하지만, 그가 당신처럼 되면 안 된다!

이런 일들이 일어나는 이유는 세상의 많은 일들이 서로 꼬리에 꼬리를 무는 식으로 연결되어 있기 때문이다. 충동적 선택이든 장고(長考) 끝에 나온 선택이든 간에 우리의 선택은 행동을 낳고 그 행동에는 반드시 결과가 따른다. 선택만큼 큰 영향을 끼치는 것도 없다. 현재의 우리는 과거의 우리가 선택한 결과이다. 오늘 우리가 이런 모습을 보이는 것은 어제 우리가 받아들인 선택의 결과로 주어진 것이다. 내일 우리가 어떤 존재일 것인가는 오늘 우리의 선택이 어떤 것이냐에 따라 달라진다. 우리는 선한 선택을 할 수도 있고 악한 선택을 할 수도 있다. 무지한 상태에서 선택할 수도 있고 좋은 조언에 따라 선택할 수도 있다. 충동적 선택도 있고 장고 끝에 나오는 선택도 있다.

분풀이하기 위해 어떤 선택을 하는 사람들도 있다. 예를 들어 보자. 젊은 연인이 크게 싸웠다. 여자는 "저런 한심한 남자는 더 이상 참을 수 없어"라고 말하면서 홧김에 다른 남자와 결혼한다. 그녀는 두 번째 선택한 남자와 평생을 살지만 다른 사람들에게 말하기로 "홧김에 이 남자랑 결혼한 것이 내 인생의 실수였어"라고 털어놓는다. 이기적인 선택이 있고, 소심한 선택이 있고, 다른 선택이 두렵기 때문에 어쩔 수 없이 받아들이는 선택이 있다. 그런데 지혜로운 선택, 이타적인 선택, 장기적 안목에서 나온 선택, 용기 있는 선택, 겸손한 선택, 믿음에서 나온 선택, 그리고 하나님께 순종하는 선택이 우리에게 불가능한 것은 아니다.

결과를 내다보는 것이 지혜이다

자신의 선택에 따라 우리는 지혜로운 사람이 될 수도 있고 미련한 사람이 될 수도 있다. 지혜로운 사람은 자신의 몸으로 행한 일에 대해 나중에 책임을 져야 한다는 것을 알지만 미련한 자는 그렇지 못하다. 성경에서 '미련하다'라는 말은 정신적으로 결함이 있는 것을 의미하지 않는다. 성경에서 '미련한 자'는 결과를 생각하지 않고 행동하는 사람을 가리킨다.

그런데 우리는 지혜를 단지 도덕적 영역에 국한하여 생각해서는 안 된다. 도덕이라는 것은 우리 자신이나 우리 이웃과의 관계에서 발생할 수 있는 의(義)의 문제만을 고려하기 때문이다. 도덕적 차원을 넘어서는 고차원적 지혜는 하나님과의 관계에서 보아야 제대로 판단된다.

성경에서 지혜로운 사람은 반드시 교육을 많이 받았거나 교양 수준이 높은 사람을 가리키지 않는다(물론 교육 수준이나 교양 수준이 높은 사람이 지혜로운 경우도 있다). 결과를 미리 내다보면서 행동하는 사람이 지혜로운 사람이다. 그런 사람은 어떤 행동을 하려고 할 때 "이것이 어떤 결과를 불러올 것인가?"라고 스스로에게 묻는다. 그런 다음, 자기를 두려움이나 부끄러움에 빠뜨리지 않을 선택을 하게 된다. 자기 선택의 결과를 내다볼 수 있는 것은 지혜이고, 그렇지 못한 것은 어리석음이다. 이것이 하나님께서 보시는 지혜와 어리석음의 차이점이다.

교육을 많이 받은 사람, 지역 사회에서 지위가 높은 사람, 돈이 많은 사람 등 이런 사람들이 멀리 내다보지 못하면 결국 어리석은 사람이 되고 만다. 이것은 우리 주 예수님의 말씀이다. 지옥에는 어리석은 사람들이 가득할 것이고 천국에는 지혜로운 자들이 가득할 것이다. 미련한 자가 천국에 없을 것이고 현명한 자가 지옥에 없을 것이다. 하나님이 보시기에 미련한 사람은 결과를 생각하지 않고 행동한다. 그런 사람은 영원한 운명을 고려하지 않고 선택한다. 천국에는 그런 사람이 없을 것이다. 오히려 그와 반대되는 사람들이 많을 것이다.

하나님께서 악인을 사랑하시고 품위 있는 사람을 싫어하신다는 주장은 현대판 이단이다. 이런 주장은 과거나 지금이나 완전히 잘못된 것이다. 이런 주장이 옳다고 말해주는 성경구절은 전혀 없다. 그러나 악인이 영원한 운명에 대해 생각해본 다음 지혜를 얻어 하나님과 그리스도와 어린양의 보혈과 회개와 구원을 선택하면 지혜로운 자가 된다. 하나님은 그런 사람을 지혜롭다고 인정할 것이고, 천국에는 그런 사람들이 넘칠 것이다.

어떤 사람은 자기의 생각에 따라 결혼 상대를 선택하지만 그의 선택 안에는 영원한 운명에 대한 고려가 전혀 없다. 어떤 사람은 자기의 돈을 가지고 자신이 하고 싶은 대로 하지만 그의 선택에는 영원한 운명에 대한 고려가 전혀 없다. 또 어떤 사람은 마음속으로 "내 입도 내 것이고 내 혀도 내 것이다. 내 입과 내 혀를 가지고 내가 하고 싶은 말을 하는데 누가 막겠느냐?"라고 말하며 자기 뜻대로 말한다. 그에게는 내일이나 심판 날이나 하나님의 진노나 "크고 흰 보좌"(계 20:11)의 심판에 대한 생각이 전혀 없다. 이런 사람들이 미련한 자들이다.

지옥은 미련한 자들로 가득 차고 천국은 현명한 자들로 가득

찰 것이다. 이 땅에서 글을 읽거나 쓸 줄 몰랐어도 지혜로운 사람들이 천국에 있을 것이다. 반면 이 땅에서 연에 달린 꼬리처럼 학위(學位)를 줄줄 달고 다녔지만 실상 미련한 자들이 지옥에 있을 것이다. 그들은 다른 모든 것을 알았지만 진짜 중요한 한 가지를 몰랐기 때문에 지옥에 간 것이다. 그런 자들이 어리석은 자들이다.

생명으로 이끄는 선택을 하라

우리의 중요한 선택은 생명과 죽음 사이의 선택이다. 선택은 우리의 결정에 달렸다. 성령께서는 "오늘날 너희가 선택하라"라고 말씀하신다. 무엇을 선택하느냐 하는 것은 우리에게 달려 있다. 만일 인간이 죄를 지을 수 없는 존재라면 거룩해질 수도 없다. 죄를 지을 수 없는 존재라면 자유로울 수도 없는 존재이다. 자유로울 수 없다면 거룩해질 수도 없다. 자유로운 선택이 가능해야 죄를 지을 수 있듯이 자유로운 선택이 있어야 거룩해질 수도 있다. 선택의 자유를 부여받은 사람이 의로운 것을 선택했을 때 생기는 것이 거룩함이다. 의도적으로 죽음을 선택하는 사람은 없다.

이에 대해 알프레드 테니슨(Alfred Tennyson, 1809~1892. 영국의 계관시인)은 이렇게 말했다.

세상살이가 아무리 슬프고 힘들어도

　　정말 죽음을 원한 사람은 하나도 없노라.

　　유한한 인간의 호흡에 의지해 살았던 자들 중

　　그런 자는 찾아볼 수 없노라.

　　우리가 간절히 원하는 것은

　　죽음이 아니라 생명이라.

　죽음을 갈망하는 인간은 없다. 다만, 죽음에 이르는 길을 선택할 뿐이다. 인간은 일련의 작은 어리석은 선택들을 통해 그 길을 선택한다. 일련의 작은 어리석은 선택들의 끝에 있는 것이 '어리석은 최후의 선택'이다. 인간이 죽음에 이르는 것은 죽음을 보고 "내가 너를 선택한다"라고 말했기 때문이 아니라 죽음으로 이끄는 즐거운 길을 보고 그렇게 말했기 때문이다.

　도시들은 부패와 멸망을 선택하지 않고 단지 부패와 멸망으로 이끄는 것들을 선택할 뿐이다. 또한 생명을 선택하지 않고 생명으로 이끄는 것들을 선택할 뿐이다. 이것은 사람들의 경우도 마찬가지이다. 사람들 앞에 나서서 "내가 생명을 선택한다"라고 말할 수 있는 사람은 없다. 단지 "나는 생명을 주시는 분을 선택한다. 생명에 이르는 길을 선택한다. 죽음을 거부함으로 생명을 선택한다"라고 말할 수 있을 뿐이다.

자신의 선택에 대한 책임을 지라

성경은 "너희가 오늘날 선택하라. 생명을 선택하라"라고 말한다. 그런데 생명을 선택하려면 생명이 있는 곳으로 가야 한다. 물을 선택한 사람은 물이 있는 곳으로 가서 물을 마셔야 한다. 당신은 구원받기를 선택했는가? 그렇다면 주와 구주이신 예수님이 계신 곳으로 가서 그분의 손에 당신을 맡겨라. 구원을 얻으려면 회개부터 시작하는 것이 올바른 선택이다.

당신에게 영향을 주려는 사람들이 있을 것이다. 하지만 조심하라. "선한 그리스도인이 아닌 사람들의 영향을 받지 않았다면 내가 더 훌륭한 그리스도인이 되었을 것이다"라고 고백하는 사람들이 적지 않다. 우리는 다른 사람들에게 영향을 받아 잘못된 선택을 할 수도 있다. 깨달음이 없거나 완고하거나 도덕적으로 무감각하고 무책임한 사람들이 당신에게 영향을 주려고 할 수 있다. 그러나 그런 자들은 마지막 심판 날에 전혀 도움이 안 될 것이다.

이 땅에서 당신에게 영향을 주어 잘못된 길로 이끌었던 자들은 그 날에 "내가 너와 무슨 상관이 있느냐? 난 너를 위해 변호해줄 수 없다. 네가 당해라"라고 말할 것이다. 불법적인 방법을 조금씩 사용하라고 당신에게 권하는 당신의 동업자는 지금 미소를 머금고 사람들 앞에서 "내 동업자는 참 좋은 사람입니다"라고 말할 것이다. 그러나 그가 '참 좋은 사람'이라고 부른 당신은 장차 홀로 서서 심판을 감당해야 할 것이다. 그때 당신의 동업자가 무슨 도움이 되겠는가?

혹시 당신은 그리스도인으로서 대충대충 살아가고 있는가? 만일 그렇다면 나는 당신의 행위를 살피고 선한 그리스도인의 삶을 살라고 권하고 싶다. 당신이 선한 그리스도인의 삶을 살면 하나님이 기뻐하실 것이고, 마귀는 치욕을 느낄 것이며, 당신은 승리의 삶을 살면서 봉사의 열매를 맺고 거룩한 품성을 기르게 될 것이다. 당신은 선택을 해야 한다. 선택은 행동을 낳고 행동은 영원한 운명을 좌우할 것이다. 하나님은 선택할 수 있는 권리를 당신에게 주셨다. 생명으로 이끄는 선택을 하라!

무엇으로 심든지 그대로 거두리라

영적 무감각의 특징들 중 하나는 책임에 대한 의식이 없다는 것이다. 거듭난 사람은 모든 책임에서 자유롭다는 생각에 사로잡힌 그리스도인들이 이상하게도 많다. 그런 생각 때문에 그들은 뻔뻔스럽게도 결과를 전혀 고려하지 않고 살아간다. 그들이 늘 내세우는 주장은 "나는 은혜로 살고 있다"라는 말이다.

다윗이 경건한 사람이라는 점에는 아무도 이의를 제기하지 않을 것이다. 성경은 심지어 그가 '하나님의 마음에 맞는 사람'이라고 말한다(행 13:22). 그러나 그토록 경건한 다윗도 자신이 저지른 행동의 결과에서 자유롭지 못했다. 그가 신앙인으로서 이룬 많은 승리를 생각할 때 우리는 그가 그의 행동의 결과에 대해 걱정할 필요가 없을 것이라고 생각하기 쉽다. 그러나 사실은 그렇지 않다.

성경을 읽어본 사람이라면 다윗과 밧세바 사이에 일어난 일에 대해 잘 알 것이다(삼하 11,12장). 그 사건은 다윗의 인생에서 가장 어두운 사건들 중 하나이다. 그는 선택을 했고, 그 선택의 결과가 현실로 나타났다. 모든 행위에는 그것에 상응하는 결과가 따르기 마련이다. 다윗은 밧세바를 상대로 간음죄를 범했다. 그것은 그가 혼자 선택한 행위였다. 그리고 그는 그 행위에 대해 혼자 책임을 졌다. 그 행위의 결과는 그와 밧세바 사이에 태어난 아이의 죽음이었다. 그가 하나님께 그 아이를 살려달라고 간구했지만 결국 그 아이는 죽었다.

종종 잘못 해석되는 성경구절들 중 하나는 "스스로 속이지 말라 하나님은 업신여김을 받지 아니하시나니 사람이 무엇으로 심든지 그대로 거두리라"(갈 6:7)이다. 이 구절은 원인과 결과 사이에 준엄한 법칙이 작용한다고 가르친다.

영적으로 점점 무감각해지는 그리스도인들이 우리 주변에 많다. 그런 사람들의 영향은 두 가지 현상을 낳는다. 하나는 우리의 행동의 결과를 생각조차 하지 않고 행동하는 것이다. 그리고 또 다른 하나는 우리의 선택과 그것의 결과 사이에 아무런 인과관계가 없다고 믿는 것이다. 우리는 이런 현상에 영향을 받지 않도록 조심해야 한다. 오늘 우리는 어제 우리의 선택의 결과를 짊어지고 살아간다. 그리고 내일 우리는 우리의 오늘날 선택의 멍에에서 자유롭지 못할 것이다.

F. J. 크로스비(Fanny J. Crosby, 1820~1915)가 쓴 찬송가 〈군기를 손에 높이 들고〉를 읽어보자.

> 군기를 손에 높이 들고 다 빨리 나아가세.
> 진리의 검을 앞세우고 힘차게 싸워보세.
> 온몸에 갑주 입고서 담대히 나가보세.
> 군기를 들고 나가세 승리는 내 것일세.
>
> 천국에 있는 천군천사 우리를 지키리라.
> 하나님께서 내게 주신 튼튼한 갑주 입고
> 주님의 명령 지켜서 어디든 다 나가세.
> 하늘에 계신 주님이 우리를 맞으시리.
>
> 주님의 원수 마귀들이 겁내어 달아날 때
> 발걸음 빨리 재촉하여 앞으로 속히 나가
> 원수를 정복하고서 인생을 구해내세.
> 죽음을 두려워 말고 앞으로 전진하세.

십자가 군병들아 두 손에 기를 들고
용맹스럽게 싸우세 승리는 내 것일세.

성경은 우리에게 세상을 버리라고 단호히 경고한다. 다시 말하지만, 인간 사회의 죄와 불신앙과 연예 오락과 야망과 세상적 사고방식에 영향을 받지 말라는 것이 성경의 분명한 교훈이다. 영적 위험이 세상을 통해 그리스도인에게 찾아올 수 있다는 사실을 명심하라.

PART 2
세상과 타협하지 말라

chapter 06

우리의 영적 삶을
위협하는 세상을 거부하라

"나의 힘이신 여호와여 내가 주를 사랑하나이다 여호와는 나의 반석이시요 나의 요새이시요 나를 건지시는 이시요 나의 하나님이시요 내가 그 안에 피할 나의 바위시요 나의 방패시요 나의 구원의 뿔이시요 나의 산성이시로다"(시 18:1, 2).

영적 무감각 때문에 오늘날 교회는 배교(背敎)의 위기에 처해 있고 보통의 그리스도인은 매우 위태로운 상태에 빠져 있다. 자신이 남에게 도움을 받아야 한다는 것을 깨닫지 못하는 사람이나 자신이 삶의 어떤 부분에서 도움을 받아야 하는지를 모르는 사람을 도와주는 것은 사실상 불가능하다. 어떤 사람이 도움을 받기 위해서는 먼저 자기가 어떤 위험에 처해 있는지를 알아야 하고, 그 다음에는 그 위험에 대처하는 법을 알아야 한다.

우리에게 무엇보다 필요한 것은 영적 분별력이다. 우리에게 필요한 것은 오늘날 교회가 처한 위태로운 상황을 꿰뚫어보고 해결 방법을 제시할 수 있는 그리스도인들이다. 우리에게 분별력뿐만 아니라 용기도 있어야 하는데, 그래야 교회를 향해 "교회는 지금 위험에 빠져 있으니 교회의 반석이신 예수 그리스도께 돌아가라!"라고 외칠 수 있기 때문이다.

하나님의 보호하심을 구하라

다윗은 그 시대의 심각한 위험이 무엇인지를 꿰뚫어보았다. 그가 인식한 위험은 오늘날 우리에게 닥친 위험과 본질적으로 동일하다. 그가 위험에 대처한 방법은 오늘날 우리가 위험에 대처하는 방법이 되어야 한다.

다윗의 시편은 그리스도인의 삶이 어떤 것인지를 매우 잘 보여준다. 우리가 살면서 체험할 수 있는 모든 것들이 그의 시편에 고스란히 담겨 있다. 즉, 삶에서 체험할 수 있는 위험과 기쁨과 슬픔과 승리와 패배와 일과 수고가 그의 시편에서 발견된다. 그의 시편은 인생의 밤과 낮, 인생의 그림자와 햇빛, 심지어 생명과 죽음까지도 보여준다.

구약성경에 들어 있는 '시편'이라는 책은 영적 삶의 거울이다. 시편 18편에서 우리는 그리스도인이 가는 길에 놓인 분명한 위험을 가리키는 말을 발견하게 된다. 우리는 그 위험을 피해야 한다. 아니면 그 위험에 대항하여 그것을 극복해야 한다.

영적 삶을 위협하는 실질적 위험이 분명히 존재하므로 하나님의 사람들은 경각심을 가지고 그 위험을 직시해야 한다. 하나님의 백성을 지키는 성실한 목자가 되려는 사람은 그들에게 위험을 경고해야 하고 또 그 위험을 피하는 방법을 알려주어야 한다. 환자를 위한 치료법이 없다면 환자를 진찰해도 아무 소용이 없다. 폭탄의 피해를 막을 수 있는 피신처가 없다면 적의 기습 공격에 대해 경고해도 아무 소용없다. 적에게 대항할 방법이 없다면 적이 쳐들어오는 것을 알아도 아무 소용없다.

그리스도인에게 다가오는 위험은 세 가지 방향에서 찾아온다. 첫째는 우리가 나그네로서 살아가는 이 세상이요, 둘째는 이 세상의 신(神)인 마귀요, 셋째는 우리 육신의 본능이다. 그러므로 우리에게는 우리의 반석, 요새, 구원자, 방호물(防護物), 그리고 높은 망대가 되어주실 수 있는 분 곧 하나님이 필요하다.

세상의 영향력을 거부하라

세상이 그리스도인에게 위험이 될 수 있다고 말했지만 그렇다고 해서 바람이나 폭풍이나 번개나 바다나 사막 같은 것이 위험하다는 말은 아니다. 사실, 이런 것들은 아름답고 멋진 것이다. 이런 것들이 우리에게 영적 위험이 되는 것이 아니다. 번개가 우리의 육체에게는 위험이 될 수 있지만 다윗이 시편 18편에서 말하는 그런 위험은 아니다.

다윗이 시편 18편에서 염려하는 것은 자연 세계의 위험이 아니다. 물론 그가 그의 육신적 적(敵)을 염두에 두었을 가능성이 전혀 없는 것은 아니다. 하지만 신령한 사람이었던 그는 언제나 그와 관계된 사건의 영적 측면에 주목했다. 성령께서 다윗의 시를 성경에 넣으신 것은 우리에게 자연의 위험을 경고하기 위함이 아니다.

우리의 몸이 완전히 망가질지라도 우리의 영(靈)은 전혀 피해를 입지 않을 수 있다. 인간의 영이 거하는 몸이 완전히 파괴되어도 영은 온전할 수 있다. 우리의 뼈가 사막에 버려진다 할지라도 우리의 영은 하나님 아버지 앞에서 온전할 수 있다. 우리에게 닥칠 수 있는 진짜 위험은 우리의 영에게 해를 끼치는 위험이다.

헤롯의 병사들이 세례 요한을 참수(斬首)했지만 그의 영에 해를 끼칠 수는 없었다. 우리 구주 예수님이 우리를 위해 십자가에서 돌아가셨을 때 그분의 몸은 부수어졌지만 예수님은 하나님의 품 안에서 평안을 누리셨다. 바울의 경우도 마찬가지이다. 바울은 이렇게 선언했다.

"이제 후로는 나를 위하여 의의 면류관이 예비되었으므로 주 곧 의로우신 재판장이 그날에 내게 주실 것이며 내게만 아니라 주의 나타나심을 사모하는 모든 자에게도니라"(딤후 4:8).

사람들의 손에 의해 처형을 당했지만 바울은 패배한 것이 아니라 오히려 '의의 면류관'을 얻었다. 사람을 정말로 죽이는 것은 육신에게 찾아오는 위험이 아니라 영혼에게 찾아오는 위험이다.

그렇다면 세상을 통해 우리에게 위험이 찾아올 수 있다는 것은 무슨 말인가? 그것은 하나님의 뜻을 따르지 않는 인간 사회를 통해 우리에게 닥치는 위험이 진짜 위험이라는 의미이다. 인간에게서 죄가 사라지지 않는 한 인간 사회는 그리스도인에게 위험을 안겨준다. 인간 사회의 죄와 불신앙과 연예오락과 야망이 아무리 교묘히 위장하고 있더라도 결국에는 그리스도인에게 위협이 된다. 그렇기 때문에 성경이 그토록 세상에 대해 엄하게 경고하는 것이다.

일부 기독교 지도자들은 그들 나름대로의 논리를 제시하면서 세상과 쉽게 타협하고 세상의 일들을 적당히 덮어준다. 그러나 성경은 우리에게 세상을 버리라고 단호히 경고한다. 다시 말하지만, 인간 사회의 죄와 불신앙과 연예오락과 야망과 세상적 사고방식에 영향을 받지 말라는 것이 성경의 분명한 교훈이다. 영적 위험이 세상을 통해 그리스도인에게 찾아올 수 있다는 사실을 명심하라.

많은 그리스도인들은 세상의 화톳불 옆에서 곁불을 쬔다. 그들은 조금씩, 조금씩 화톳불을 향해 손을 뻗다가 손에 화상을 입을 것 같으면 슬쩍 손을 뺀다. 그들은 "화상을 입지 않으면서도 불에 얼마나 가까이 갈 수 있을까? 세상 속으로 충분히 깊이 들어가면서도 타락하지 않을 수는 없을까? 어디가 적정선일까?"라고 중얼거린다. 그러나 그런 사람들은 머지않아 세상에 걸려들어 빠져 나오지 못할 것이다.

이 세상의 신들을 조심하라

성경에는 마귀를 가리키는 말이 네 가지 등장한다. 용, 뱀, 사탄, 그리고 마귀가 그것들이다.

1. 용

마귀가 지배력을 휘두르는 것을 가리키기 위해 요한계시록 12장에서는 그를 '용'이라고 부른다. 마귀가 로마제국을 움직여 교회를 파괴하고 있을 때 그리스도인들은 "마귀가 용 같다"라고 말했다.

1세기, 2세기에 로마 시(市) 주변에서 순교한 그리스도인의 수는 약 1천3백만 명이었다. 사랑하는 사람들이 끌려가 참수형을 당하는 것을 보았을 때 그들은 "이것은 용이 하는 짓이다. 마귀가 세상을 지배하고 있다"라고 말했을 것이다. 히틀러 치하에서 6백만의 유대인이 가스실이나 여타의 방법들로 죽임을 당할 때 사람들은 "사탄이 히틀러 안에 들어가 그의 흉측한 꼬리를 이리저리 휘둘러 사람들을 죽이고 있다"라고 말했을 것이다.

마귀가 세상의 권세를 잡아 하나님의 백성을 박해할 때마다 성경은 그를 용이라고 부른다. 물론 나는 마귀가 세상의 모든 정부를 장악하여 움직인다고 말하는 것이 아니다. 정치인들이 마귀에게 사로잡힌 사람들이라고 말하는 것도 아니다. 내가 말하고 싶은 것은 용이 정부의 권력자들의 마음을 움직여서 교회를 파괴할 수 있다는 것이다. 교회를 파괴하는 마귀가 바로 용이다.

2. 뱀

마귀의 또 다른 이름은 '뱀'이다. 똑같은 존재가 다른 얼굴로 나타나는 것이다. 뱀의 모습으로 나타나는 마귀는 당신을 해치지 않는다. 당신을 죽이거나 감옥에 집어넣거나 참수형에 처하지 않는다. 미소를 지으며 나타나는 그는 유창하게 말한다. 그가 승리를 거두는 방법은 우리가 타협과 관용과 인내심을 발휘하도록 만드는 것이다. 교활한 그는 먼저 우리로 하여금 그를 믿게 만들고 그 다음에는 교묘하게 우리를 속인다. 말을 너무나 잘하는 뱀은 속임수와 간계와 거짓으로 무장한 '지옥의 전문사기꾼'이다.

사탄이 광야에 계신 예수님께 간 것은 예수님의 머리에 일격을 가해 그분을 멸하기 위함이 아니었다. 그는 예수님께 "명하여 이 돌들로 떡덩이가 되게 하라"(마 4:3)라고 말했다. 이렇게 말한 그의 머릿속에는 이미 "하나님의 아들 예수가 내 말을 듣고 하나님의 뜻에도 없는 기적을 행한다면 나는 창으로 그의 심장을 찌르는 것보다 훨씬 더 쉬운 방법으로 그를 멸하는 것이다"라는 계산이 깔려 있었다.

그러나 사탄은 자기의 의도를 예수님께 말하지 않고 그분께 그럴듯한 말을 늘어놓았다. 그는 "고생하시는군요. 배가 몹시 고프시겠어요"라고 말하며 접근했다. 그리고 그분의 어깨를 두드리며 "그렇게 배가 고프시면 떡을 만들어 드십시오. 돌을 떡으로 만들 능력이 있지 않습니까?"라고 속삭였다. 그러자 예수님은 "기록되었으되 사람이 떡으로만 살 것이 아니요 하나님의 입으로부터 나오는 모든 말씀으로 살 것이라 하였느니라"(마 4:4)라고 말씀하시어 그의 유혹을 물리치셨다.

사탄은 또 예수님께 "만일 내게 엎드려 경배하면 이 모든 것을 네게 주리라"(마 4:9)라고 말했다. 그러나 예수님은 그에게 "사탄아 물러가라 기록되었으되 주 너의 하나님께 경배하고 다만 그를 섬기라 하였느니라"(마 4:10)라고 말씀하셨다.

사탄은 매우 그럴듯한 말을 한다. 그는 말재주가 좋은 세일즈맨 같다. 문제는 잘못된 것을 판매한다는 사실이다. 그는 당신이 무엇이든지 사도록 만들 수 있다.

3. 마귀

내가 지금 세상의 신에 대해 얘기하지만 내 의도는 당신이 마귀 때문에 노이로제에 걸리도록 만드는 것이 아니다. 내가 만나 본 그리스도인들 중에는 마귀 때문에 신경과민 상태에 빠진 사람들도 있었다. 그러나 그들처럼 되면 안 된다. 우리가 취할 수 있는 가장 좋은 방법은 예수님을 늘 바라보면서 예수님이 우리를 위해 마귀를 상대하시도록 하는 것이다.

권투 선수에는 공격형 선수가 있고 수비형 선수가 있다. 수비형 선수는 먼저 공격하지 않고 기다렸다가 상대방이 치면 살짝 피하면서 맞받아친다. 상대방이 공격할 때마다 그것을 막아내면서 맞받아치는 것이다. 탁월한 권투선수 중에는 이러한 수비형 선수들이 많다.

내가 볼 때, 마귀는 맞받아치는 데 천재이다. 그리스도인이 무슨 일을 하려고 할 때마다 마귀는 그를 방해하면서 그에게 펀치를 날린다. 그런데 그의 펀치는 강한 것이 아니다. 그는 약간 놀라게 할 정도로 펀치를 날린다. 하나님의 역사가 일어나는 곳이라면 어디에서나 마귀가 찾아와 반격을 시작한다. 맞받아치는 것이다. 그는 하나님처럼 무소부재(無所不在)한 것은 아니지만 모든 곳을 두루 돌아다닌다. 하나님은 모든 곳에 계시지만 마귀는 이곳저곳을 빨리 돌아다니기 때문에 무소부재한 것처럼 보인다. 다시 말하지만, 하나님의 역사가 일어나는 곳이면 어디에서나 마귀가 나타나 맞받아치면서 방해 공작을 한다.

고대 그리스의 올림픽 경기에서 긴 창을 가지고 못된 짓을 하는 악한이 있었다. 그는 울타리 뒤에 숨어 있다가 특정 선수가 지나갈 때 그에게 창을 던졌다. 그 선수가 창에 걸려 넘어지면 다른 선수가 그를 쉽게 앞지를 수 있기 때문이다. 올림픽 경기에서 창을 던지는 이 악한을 가리켜 사람들은 '디아볼로스'(Diabolos)라고 불렀는데, 이 이름을 마귀를 지칭하는 데 사용했다. 왜냐하면 마귀가 그 악한과 동일하게 행하기 때문이다. 하나님의 자녀가 거룩한 경주를 할 때 마귀는 그의 길을 막거나 그를 걸려 넘어지게 한다.

4. 사탄

마귀의 또 다른 이름은 '사탄'이다. 사탄은 믿음의 형제들을 비난하여 하나님과 사람들 앞에서 그의 평판에 먹칠을 하려고 애쓴다. 어떤 사람의 명예가 땅에 떨어지는 사건이 일어났을 때 우리는 그 사건의 배후에 누가 있는지 쉽게 짐작할 수 있다. 중간에 어떤 과정이 있었든지 간에, 그 사람이 어떤 스캔들에 휘말렸든지 간에 그 사건의 최종 배후는 사탄이다.

다시 말하지만, 우리는 뱀, 용, 마귀, 그리고 사탄의 모습으로 나타나는 이 세상의 신들을 경계하고 거부해야 한다.

억제되지 않은 육신도 걸림돌이 된다

우리의 육신은 언제나 우리와 함께 있다. 날마다 육신을 이기지 않으면 우리에게 문제가 생길 수밖에 없다. 억제되지 않은 육신, 즉 극복되지 않은 육신은 우리를 그냥 내버려두지 않는다. 육신을 이기지 못하면 언제나 그것에 패할 수밖에 없다. 육신을 억제하지 못하면 그것에 짓눌리다가 결국에는 지쳐서 그것에 굴복하고 만다. 육신을 이길 수 있는 유일한 방법은 그것을 십자가에 못 박는 것이다. 다시 말해서, 그것을 예수님의 십자가로 가져가는 것이다. 그렇게 하는 것이 우리가 할 수 있는 근본적 해결 방법이다.

육신과 적당히 타협하는 사람은 대개 패배하고 만다. 우리에게 위협이 되는 육신과의 싸움에서 어려움이 생기는 이유는 그 싸움이 날마다 일어나기 때문이다. 오늘 육신을 처리해버린 다음 다시는 신경 쓸 필요가 없다면 얼마나 좋겠는가! 그렇지 못하기 때문에 어려움이 생기는 것이다. 육신은 날마다 우리에게 찾아온다. 그것의 위험성을 깨닫고 조심하지 않으면 그날의 승리는 육신에게 돌아간다. 육신과의 싸움에서 가장 중요한 것은 육신을 이겨야 한다는 것인데 그렇지 못하면 육신이 우리를 지배하게 된다. 육신의 지배 결과는 혹독하기 짝이 없다.

위험의 세 가지 근원, 즉 세상과 마귀와 육신은 엄연한 현실이다. 이런 위험은 상상에서 나온 것이 아니다. 이런 위험을 무시하는 사람은 어리석은 자이다. 만일 당신이 진지한 그리스도인이라면 나의 이 말을 구태의연한 경고로 받아들이지 않을 것이다. 지혜로운 사람은 위험이 어디에 있는지, 무엇이 위험인지, 그것을 어떻게 알고 극복할 수 있는지를 알기 원할 것이다.

우리를 구원하시는 하나님

다윗은 "여호와는 나의 반석이시요 나의 요새이시요 나를 건지시는 이시요"(시 18:2)라고 선언했다. 하나님께 도움을 얻어야 하는 절박한 입장이었기 때문에 그는 "내가 찬송 받으실 여호와께 아뢰리니 내 원수들에게서 구원을 얻으리로다"(시 18:3)라고 말했다. 그리고 다음과 같이 고백했다.

"그가 높은 곳에서 손을 펴사 나를 붙잡아주심이여 많은 물에서 나를 건져내셨도다 나를 강한 원수와 미워하는 자에게서 건지셨음이여 그들은 나보다 힘이 세기 때문이로다 … 나를 넓은 곳으로 인도하시고 나를 기뻐하시므로 나를 구원하셨도다"(시 18:16,17,19).

하나님의 도움을 통해 구원을 얻는 것은 하나님의 자녀들에게 가능할 뿐만 아니라 지극히 정상적인 것이다. 물론 그렇게 되려면 우리의 눈을 떠야 한다. 만일 우리의 눈이 감겨 있으면 그분은 우리와 동행하기를 원하지 않으신다. 눈을 뜨고 있으면 넘어지거나 적에게 맞아 쓰러지지 않는다.

우리의 적이 누구이든 간에, 우리의 적이 어느 방향에서 공격해오든 간에 다윗의 하나님이 우리를 도우신다. 우리가 하나님의 이름을 부르며 부르짖으면 하나님께서는 그분의 거룩한 성전에서 들으시고 높은 곳에서 손을 펴서 우리를 붙잡아주시고 많은 물에서 우리를 건져내신다. 하나님께서는 우리를 기뻐하시기 때문이다.

내가 볼 때, 과거 그 어느 때보다도 지금 하나님의 백성이 믿음 위에 굳게 서야 한다. 과거 그 어느 때보다도 지금 그들은 하나님 안에서 용기를 얻어야 한다. 지금 우리는 풍랑이 거세게 이는 급변하는 시대에 살고 있다. 세상의 바다에서는 폭풍이 휘몰아치고 있고, 달은 핏빛으로 변하게 될 것을 두려워하고 있다. 그러나 당신과 나는 두려워할 필요가 없다. 하나님이 우리 편이시기 때문이다. 하나님이 그분의 거룩한 성전 보좌에 앉아 계신다. 용기를 내어 그분을 믿고 의지하는 자들은 모든 것이 잘될 것이다.

다음은 A. M. 토플레디(Augustus M. Toplady, 1740~1778)가 쓴 찬송가 〈만세 반석 열리니〉(새찬송가 494장)이다.

만세 반석 열리니 내가 들어갑니다.
창에 허리 상하여 물과 피를 흘린 것
내게 효험되어서 정결하게 하소서.

내가 공을 세우나 은혜 갚지 못하네.
쉼이 없이 힘쓰고 눈물 근심 많으나
구속 못할 죄인을 예수 홀로 속하네.

빈손 들고 앞에 가 십자가를 붙드네.

의가 없는 자라도 도와주심 바라고
생명 샘에 나가니 나를 씻어주소서.

살아생전 숨 쉬고 죽어 세상 떠나서
거룩하신 주 앞에 끝날 심판 당할 때
만세 반석 열리니 내가 들어갑니다.

chapter 07

세상이 주는
승리와 패배에 연연하지 말라

"대저 의인은 일곱 번 넘어질지라도 다시 일어나려니와 악인은 재앙으로 말미암아 엎드러지느니라"(잠 24:16).

많은 것을 희생하면서까지 '승리의 철학'을 받아들인 그리스도인들이 많다. 그들은 승리할 수만 있다면 다른 것들은 상관하지 않는다. 승리한 그들이 우리 앞에서 콧대를 높이 들고 보란 듯이 행진할 때 우리 같은 사람은 기가 꽉 죽는다. 우리는 살면서 많은 실패를 맛보았기 때문이다. 하지만 우리와 달리 그들은 인생이 연속적으로 이어지는 승리라고 주장한다.

그러나 그들이 깊이 생각해야 할 점이 있다. 그것은 우리 주 예수님 외에는 그 누구도 '패배 없는 완전한 승리'를 경험하지 못했다는 것이다. 심지어 승리해야 한다는 부담감 때문에 패배주의에 빠지고 마는 경우도 있다. 이것은 영적 무감각에 빠진 사람들에게 일어날 수 있는 위험들 중 하나이지만 아무도 이 위험을 지적하지 않는 것 같다. 승리에도 위험이 따를 수 있다는 것을 모른 채 많은 사람들은 승리의 제단에 모여 경배한다. 요컨대, 승리는 우리를 망칠 수 있고 패배는 우리를 멸할 수 있다.

승리의 위험

승리가 그리스도인의 삶의 목표 중 하나라는 것은 분명 맞는 이야기이다. 그러나 문제는 승리의 개념이 무엇이냐 하는 것이다. 우리는 어떠한 승리 개념을 사용하고 있는가? 우리는 그리스도인으로서 승리의 삶을 살려고 애쓴다. 그러나 그리스도인으로서 승리하는 삶이 무엇인지를 누가 우리에게 이야기해주는가?

그리스도인의 승리하는 삶에 대한 하나님의 정의(定義)를 알기 위해 우리는 성경을 부지런히 공부해야 한다. 그리고 하나님의 정의에 따라 살아야 한다. 하나님의 정의 이외의 다른 정의는 우리가 받아들일 수 없다. 이 문제는 지극히 중요하기 때문에 우리는 승리에 대해 오해하면 안 된다.

내가 지적하고 싶은 것은 그리스도인으로서 승리하는 삶이란 문제나 어려움이나 실패가 없는 삶이 아니라는 점이다. 오히려 그리스도인의 승리의 삶에는 문제나 어려움이나 실패가 따른다. 진정한 승리를 얻기 위해서는 우리가 우리의 앞길을 가로막는 적(敵)과 환경을 날마다, 아니 순간마다 극복해야 한다. 하나님의 사람은 의인이 일곱 번 넘어진다고 말한다. 때때로 우리는 의인이 절대 넘어지지 않는다는 착각에 빠지곤 한다. 그런 착각 때문에 우리는 교만의 위험에 빠질 수 있다. 교만은 성공한 사람이 빠지기 쉬운 죄이다. 나는 세상에서 출세해 주변 사람들을 자기 마음대로 휘두르는 사람을 몇 명 보았다. 그들은 돈을 주고 가정부나 정원사 같은 사람을 부렸다. 그러나 돈을 받고 그들을 위해 일하는 사람들은 노예처럼 되고 말았다.

언젠가 나는 유명한 설교자를 우리 교회 강사로 초청하고자 시도한 적이 있다. 그러나 나는 그와 통화조차 해보지 못했다. 그의 비서는 그가 바쁘기 때문에 나와 통화할 수 없다고 말했다. 이 일은 여러 해 전의 일이다. 지금은 고령이 된 내가 다시 전화를 하면 그가 거드름을 피우며 나와 통화를 할까? 글쎄, 잘 모르겠다. 그러나 분명한 것은 그리스도인이 다른 사람들에게 거드름을 피우는 일은 잘못이다. 하나님은 그런 잘못에 대해 벌을 내리실 것이다. 당신이 그리스도인이라면 그분은 당신을 무척 사랑하시기 때문에 그런 잘못을 그냥 내버려두시지 않는다. 승리 다음에는 교만이 따라올 수 있다는 사실을 항상 명심하라.

오늘의 갈채는 영원하지 않다

우리 예수님은 나귀를 타고 예루살렘에 입성하셨다. 사람들은 예수님이 목수의 아들이라고 생각했다. 예수님은 학교를 다니지 않으셨으며, 학자들이 사용하는 전문용어가 아니라 예루살렘의 거리를 오고가는 평범한 사람들의 언어를 사용하셨다.

예수님이 나귀를 타고 가실 때 사람들은 그분을 칭송하며 "호산나 다윗의 자손이여 찬송하리로다 주의 이름으로 오시는 이여"(마 21:9)라고 소리쳤다. 내가 볼 때 그 순간은 매우 위험했는데, 승리와 성공에 도취하기 쉬운 순간이었기 때문이다.

예수님이 아니라 보통 사람 같으면 그때 주위 사람들에게 "어쩌면 마귀의 말이 옳았다. 내가 이 세상의 왕이 될 수도 있을 것 같다. 나를 왕으로 세우려던 내 친구들이 옳았을지도 모른다"라고 말했을지도 모른다. 자신의 승리를 지나치게 과장하여 우쭐해진 사람은 자신의 주제 파악에 실패하게 된다. 자기도취에 빠지도록 하는 유혹을 누구나 쉽게 받을 수 있다.

당신의 이름이 올라가고 칭찬을 듣게 될 때 조심하라. 다른 사람들이 우리에 대해 말하는 것 때문에 자기도취에 빠지기 쉬운 것이 인간의 본능이다. 그러나 예수님은 승리에 도취되어 잘못된 길로 들어서는 실수를 범하지 않으셨다. 예수님은 자기가 나아가야 할 방향을 분명히 아셨고, 온 힘을 다해 부지런히 그 길을 가셨다. 당신의 활동 분야에서 자리를 잡고 인정을 받아 성공과 승리를 거머쥐었을 때 조심하라. 성공과 승리가 손에 들어왔을 때가 위험한 순간이다. 그리스도인으로서 나름대로 잘 나가고 있다고 생각될 때가 위기의 순간이다.

예수님 당시에 "호산나!"라고 외쳤던 큰 무리가 나중에 "그를 십자가에 못 박으라!"라고 외쳤다. 이 점을 늘 명심하라. 오늘 나는 새도 떨어뜨릴 정도로 권세를 누리는 정치인이 그 다음 날로 감옥에 가는 경우도 종종 일어난다. 오늘 당신이 갈채를 받아야 마땅하다고 생각하는 대중이 내일은 당신에게 등을 돌릴 수도 있다.

패배의 위험

승리에 뒤따르는 위험과 정반대되는 것이 패배에 뒤따르는 위험이다. 여호수아 시대에 이스라엘 민족은 여리고 성의 성벽을 무너뜨리고 큰 승리를 거두었다. 그러나 자기의 힘으로 승리를 거두었다고 생각하여 지나친 자신감에 빠진 이스라엘은 아이 성을 공격할 때 3천 명 정도의 병사만을 보냈다.

양각 나팔을 불고 일제히 소리를 질러서 여리고 성을 무너뜨린 그들은 자만에 빠져 "우리가 여리고 성을 무너뜨린 것을 보라!"라고 말했을 것이다. 하나님의 능력으로 여리고 성이 무너졌지만 그들은 자신들의 힘으로 그렇게 되었다고 착각했다. 아마 그들은 양각 나팔을 불 때 나팔에서 나온 바람이 여리고 성벽을 무너뜨렸다고 생각한 모양이다. 아이 성과의 전투를 앞두고 그들은 오만하게 말했다.

"아이 성쯤은 아무것도 아니다. 지금 우리는 파죽지세로 밀고 나가고 있다. 한 번 이기면 그 다음 번에도 쉽게 이기는 법이다. 여리고 성처럼 아이 성도 쉽게 이기고 말 것이다."

그들은 가슴을 펴고 콧대를 세우고 아이 성을 향해 나아갔다. 그러나 이내 적에게 패하여 도망하는 수모를 겪었고 결국 36명 가량이 죽었다(수 7:5). 원인 다음에 결과가 따르듯이 이스라엘의 승리 다음에 패배가 뒤따랐다.

승리의 위험성은 우리 안에 교만한 마음이 생기고 우리가 무적(無敵)이라는 착각에 사로잡힐 수 있다는 것이다. 승리가 주는 이런 교만과 착각에 빠진 사람에게 반드시 일어나는 일이 있다. 그것은 다음번에 실패한다는 것이다. 이런 실패는 낙심을 낳고, 낙심은 종종 의욕 상실로 이어진다. '식욕(또는 의욕)이 없는 사람'이라는 셰익스피어의 표현은 '열의를 상실한 사람'이라는 뜻이다. 낙심하여 열의를 상실한 사람은 식욕을 완전히 잃어버린 병자 같은 모습이다.

하나님나라에서 급격한 반전(反轉)을 통해 한두 번 패배에 빠진 사람들은 의욕상실증에 걸린다. 그들은 기도하지만 내키지 않는 기도를 할 뿐이다. 음식을 먹지만 억지로 먹는 사람처럼 그들은 기도를 하지만 기도가 즐겁지 않다. 교회에 출석하지만 교회생활이 즐겁지 않다. 신앙생활이 무미건조해진다. 영적 열의를 상실했기 때문에 찬송가는 힘이 없고 설교는 지루하다. 이런 사람들은 낙심과 의욕 상실에 빠진 사람들이다.

그런데 이런 낙심과 의욕 상실을 수많은 하나님의 백성이 경험한다. 그들은 영생을 잃어버리지 않았고 그들과 하나님 사이의 관계는 변하지 않았다. 그들은 여전히 하나님의 자녀이고 그리스도는 여전히 그들을 위해 하나님 우편에서 간구하신다. 천국이 여전히 그들의 고향이다. 그러나 현재 그들은 신앙의 열의를 잃어버렸다. '영적 의욕상실증'에 걸린 것이다. 그들은 패배했고 패배주의에 사로잡혀 있다.

나는 여러 교회에서 메시지를 전했다. 그때 나는 교인들이 아무것도 기대하지 않는다는 사실을 분명히 느낄 수 있었다. 그들은 어떤 선한 결과가 일어날 것이라고 기대하지 않았고, 결국 그들의 기대대로 되고 말았다.

패배에는 큰 위험이 도사리고 있다. 이런 경우를 한번 상상해보자. 어떤 사람이 빙판 길을 걷다가 미끄러졌다. 한참 동안 발버둥 쳐서 일어나 한 블록을 걸어가지만 또다시 미끄러져 넘어지고 만다. 결국 그는 낙심하여 스스로에게 "내 평형감각에 심각한 문제가 있으니 앞으로는 빙판 위에서 똑바로 걷지 못할 거야"라고 말하고 쉽게 포기해버린다. 이 사람은 패배주의에 빠진 것이다. 패배의 족쇄를 풀어버리지 못하고 영원히 주저앉아 있는 것이 패배주의이다.

패배주의에 빠져 있지 말라

언젠가 한 교회의 신앙집회에 참석해 건물 출입구 옆을 지나는데 그 곳에 앉아 있는 젊은 설교자가 내 눈에 들어왔다. 그는 인물이 좋은 사람이었지만 그날 아침에는 턱이 땅에 닿을 정도로 의기소침해 보였다. 나는 그의 기분을 풀어줄 의도에서 농담을 건넸다. 그러나 그는 웃지 않았고, 다만 이렇게 말했다.

"토저 목사님, 정말 끔찍한 일이 내게 일어났습니다."

"그게 무슨 말입니까? 무슨 일이 있었습니까?"

"최근에 목사 안수를 받기 위해 시험을 쳤는데 떨어졌습니다. 시험에 떨어졌으니 안수를 받지 못할 것입니다."

나는 그 젊은 설교자가 어떤 상태에 있는지를 잘 알았다. 그는 패배주의에 빠질 위험에 처해 있었다. 나는 그를 격려하기 위해 이렇게 말했다.

"에이브러햄 링컨은 선거에서 두 번 패배한 후에 세 번째 당선되었습니다. 형제가 하나님께 부름을 받았다고 믿는다면 고시위원회에 가서 형제에게 무엇이 부족했는지를 알아보십시오. 그리고 책을 사서 잘 읽어본 다음 고시위원회에 다시 시험을 치겠다고 요청하십시오."

그러자 땅에 닿을 정도로 늘어졌던 그의 턱이 다시 올라가면서 그는 "그렇게 하면 되겠습니까?"라고 물었다.

"그렇습니다. 이런 일로 낙심하면 안 됩니다. 만일 하나님이 당신을 목사로 부르셨다면 당신이 시험 문제 몇 개 풀지 못했다고 해서 하나님의 부르심이 취소되는 것이 아닙니다. 책을 잘 읽고 중요한 내용을 찾아내어 집중적으로 공략하십시오. 그리고 하나님께 도와달라고 기도하십시오. 그러면 다음번에는 합격할 것입니다."

당신이 기도했는데 그것이 이루어지지 않았다고 해서 모든 것이 끝난 것은 아니다. 당신이 구한 것을 얻지 못한 것이 당신의 잘못된 삶 때문일 수도 있다. 당신이 이기적인 목적으로 구했기 때문일 수도 있다. 하나님의 뜻을 오해했기 때문일 수도 있다.

성경을 잘 읽고 하나님과의 관계를 바르게 한 다음 그분께 다시 구하라. 그리고 열심히 노력하라. 그러면 주님이 당신에게 "계속 밀고 나가라"라고 말씀해주실 것이다. 아니면 "네가 잘못된 것을 구하니 대신 이것을 구하라"라고 말씀하신 다음 당신의 기도에 응답해주실 것이다. 절대 패배주의에 빠져 있지 말라.

승리와 패배에 대처하는 법

성경 읽기와 기도를 통해 나는 승리와 패배에 지혜롭게 대처하는 법을 스스로 훈련했다. 하나님 편에 서서 부활의 관점에서 승리를 바라보며 나아가는 것이 그 방법이다. 나는 승리와 패배에 대처하는 법을 네 가지로 정리해서 당신에게 이야기해주고 싶다.

첫째, 낙심했을 때의 판단을 믿지 말라

당신은 지금 낙심한 상태에 있는가? 그렇다면 지금 당신의 마음을 믿지 말라. 이것은 성공했을 때에도 마찬가지이다. 방금 당신이 큰 승리를 거두었는가? 그렇다면 지금 당신의 마음을 믿지 말라. 지금 끔찍한 패배의 고통에 몸부림치는가? 그렇다면 마음을 진정시키고 아무 결정도 하지 말라. 지금의 고통 역시 지나갈 것이다.

당신이 그리스도인이라면 성령께서 어느 정도 당신 안에 거하실 것인데 그분은 당신을 외면하지 않으신다. 당신이 당신의 전문분야에서 별로 능력이 없다는 것이 다른 모든 사람들의 판단인가? 당신의 목소리가 당신의 생각만큼 아름답지 않은가? 당신의 지능과 지혜가 당신의 바람만큼 뛰어나지 않은가? 당신이 유능한 사람이 아니라는 소문이 여기저기 떠돌다가 당신의 귀에까지 들리는가? 이런 것들 때문에 우울해하지 말라. 세상 사람들의 평판에 마음 쓰지 말라.

마음에 낙심이 생기면 모든 것이 실제보다 더 힘들게 느껴지는 법이다. 낙심한 상태에서는 어떤 판단도 내리지 말라. 그런 상태에서 내리는 판단은 당신 자신이나 당신의 상황을 정확히 보지 못하게 만든다.

둘째, 너무 급하게 결정하지 말라

즉석에서 당장 결정을 내려야 할 문제들은 많지 않다. 시간을 가져보라. 토요일에 사직서를 썼다가 주일에 다시금 하나님께 용기를 얻고 사직서를 찢어버리는 경험을 해보지 않은 목회자는 한 명도 없을 것이다. 힘들어 주저앉고 싶을 때는 어떤 사표도 쓰지 말라. 지치고 우울할 때에는 어떤 결정을 내리지 말라.

의기소침한 상태에서 사표를 쓰거나 어떤 결정을 내렸다가 나중에 후회하는 사람들이 많다. 절망의 어두운 터널을 끈기 있게 통과하여 결국 하나님의 은혜의 햇빛을 보는 사람들도 많이 있다는 사실을 기억하라.

주님을 위해 내리는 모든 결정은 적절한 때가 있다. 그런 결정을 너무 일찍 내리면 그분의 복을 놓칠 수 있다. 당신이 세상의 꼭대기에 서서 "내게 능력 주시는 자 안에서 내가 모든 것을 할 수 있느니라"(빌 4:13)라고 말할 수 있을 때 결정을 내려라.

셋째, 하나님과 당신 사이의 관계를 살펴라

당신이 승리하든 실패하든 간에 당신과 하나님 사이의 관계는 변하지 않는다. 당신이 성공하면 하나님께 더 사랑을 받고 당신이 실패하면 하나님의 사랑이 식는 것이 아니다. 다른 사람들과 당신 사이의 관계는 당신의 승리나 실패에 따라 변할 수도 있지만 하나님과 당신 사이의 관계는 그렇지 않다. 내 친구들이 나를 믿어주지 않는 것은 참을 수 있지만 하나님께서 나를 경시하시는 것은 견딜 수 없다. 성경을 집중해서 읽을 때 내 마음에 기쁨이 충만해지는데 하나님께서 이 세상과도 바꾸지 않으실 만큼 나를 사랑하신다고 성경이 말하기 때문이다.

나는 하나님의 자녀이다. 실수하고 넘어진다 할지라도 나는 여전히 살아 계신 하나님의 아들이다. 하나님께서는 은혜와 자비가 충만한 얼굴로 환한 미소를 지으며 나를 내려다보신다. 나를 사랑하시는 하나님의 눈에는 내가 그야말로 장중보옥(掌中寶玉) 이다!

넷째, 하나님의 약속을 꼭 붙들라

당신의 마음에 패배감이 가득한가? 그렇다면 하나님 앞에서 혼자 성경책을 펴놓고 그분과 대화를 나누어라. 그러면 패배감이 사라질 것이고, 하나님의 변치 않는 약속이 주는 큰 기쁨이 샘솟을 것이다. 하나님의 말씀은 우리의 성공이나 실패에 영향을 받지 않는다.

하나님은 당신의 반석이요, 요새요, 구원자요, 방패요, 힘이요, 망대이시다. 하나님께서 이미 베푸신 은혜를 생각해보라. 하나님께서는 높은 곳에서 손을 펴서 당신을 붙잡아 많은 물에서 건져내셨다. 당신을 강한 원수와 미워하는 자에게서 건지셨다. 당신을 기뻐하셨기 때문에 당신을 넓은 곳으로 인도하시고 구원해주셨다.

우리는 하나님 편에 있다

내가 여러 해 동안 사랑하고 소중히 여긴 짧은 말씀이 있는데 그것은 "주께서 나의 등불을 켜심이여 여호와 내 하나님이 내 흑암을 밝히시리이다"(시 18:28)라는 말씀이다. 우리의 작은 등불이 꺼졌다고 낙심하지 말라. 하나님께서 우리를 위해 등불을 다시 켜주실 것이기 때문이다. 하나님께서 그렇게 해주시면 우리의 어둠이 사라질 것이다. 내 말을 믿어라.

하나님이 우리의 피난처이시기 때문에 우리는 승리했다고 교만해지지 않고, 패배했다고 낙심하지 않는다. 우리는 승리의 올무나 패배의 덫에 걸리지 않을 것이다. 승리하든 패배하든 우리는 하나님 편에 선다. 죄를 멀리하고 항상 하나님 안에서 기쁨의 삶을 산다면 우리는 승리하고 있는 것이다. 우리의 승리에 대해 우리가 알든 모르든 간에 승리하고 있는 것이다. 우리는 일이 잘 풀리지 않을 때에도 일이 잘 풀릴 때만큼 즐겁게 살 수 있다. 왜냐하면 그렇게 살 수 있는 것이 믿음으로 사는 사람들의 특권이기 때문이다.

엘리사 A. 호프먼(Elisha A. Hoffman, 1839~1929)가 쓴 〈승리를 향하여〉라는 시(詩)를 읽어보자.

그리스도인이여, 갑옷을 입어라.
승리가 기다리고 있으니

주님을 위한,

주님을 위한 승리로다.

투구를 쓰고 검과 방패를 잡고

주님의 명령에 따라

전쟁터로 향하라.

주님의 깃발을 올려라.

온 세상에, 온 바다에,

온 해변에 날리도록 올려라.

세상 모든 나라가

주님을 왕으로 인정할 때까지,

그분만이 영원한 왕이심을 고백할 때까지

그분의 깃발을 날려라.

싸움이 끝나고

투쟁이 사라진 후

승리를 얻으면

저 복된 본향에서

마침내, 마침내

사랑의 면류관을 얻을 것이다.

기쁨의 때가 오고
우리 입술에 찬양이 넘칠 것이니
우리의 왕 앞에서
영원히, 영원히
승리의 노래를 부를 것이다.

우리는 승리를 향해 전진할 것이니
예수님이 지도자 되시고
주님이 인도자 되시도다.
승리를 향해 나아갈 것이니
영광스런 영원한 승리로다.

chapter 08

헛된 것에 묶여 있지 말고
진정한 자유를 누려라

"그리스도께서 우리를 자유롭게 하려고 자유를 주셨으니 그러므로 굳건하게 서서 다시는 종의 멍에를 메지 말라"(갈 5:1).

사도 바울의 교훈에 따르면, 그리스도께서 우리를 속박에서 구해주셨으므로 우리는 다시 속박에 빠지면 안 된다. 이런 속박은 미신, 율법주의적 사고방식, 음식이나 의복 같은 외형적인 것들, 그리고 기념일이나 절기의 형태로 찾아와 우리를 얽어맨다.

그리스도인들은 남들 앞에서는 미신을 비웃는다. 흔히 미신을 가리켜 '무지 때문에 자연에 대해 비굴한 태도를 취하는 것'이라고 말한다. 미신은 마술과 운을 믿는 것이다. 인류학자들과 그들의 추종자들은 원시 상태로 돌아가는 것이 인류의 소망이라고 믿는다. 그들은 이렇게 말한다.

"우리는 파푸아 섬의 발림 골짜기로 갈 필요가 없다. 그곳 사람들이 자신들의 방식대로 살아가게 내버려두어라. 그들을 돕겠다고 그곳에 찾아가봐야 결국 그들에게 우리의 나쁜 것들, 즉 감기나 충치나 소화불량 같은 것을 전해줄 뿐이다. 어린아이처럼 소박하고 즐겁게 살아가는 그들을 그냥 내버려두어라."

그러나 이런 말은 현실을 전혀 모르고 하는 소리이다. 세계 각지를 두루 다니는 선교사들에게 "어린아이처럼 소박하고 즐겁게 살아가는 부족이 지구 상에 있습니까?"라고 물어보라. 그러면 그들은 "그런 부족은 없습니다"라고 대답할 것이다.

소위 미개 지역에 살고 있는 부족들은 미신의 멍에에서 벗어나지 못하고 있다. 쇳덩이가 달린 차꼬(죄수를 가두어둘 때 쓰던 형구)에 묶인 죄수처럼 그들은 미신에 묶여 있다. 그들은 주변의 모든 것을 두려워한다. 태양, 밤하늘의 별, 일식, 바람, 밤에 들리는 새 울음소리 같은 것을 두려워한다. 그들이 이해할 수 없는 것들은 모두 그들을 떨게 만든다. 쌍둥이가 태어나면 "첫째 아이는 신(神)의 선물이지만 둘째 아이는 마귀의 자식이다"라고 말하며 둘째 아이를 밖으로 데리고 가서 죽이는 부족도 있다고 한다.

미신이 미개한 부족들에게서만 발견되는 것은 아니다. 인간이 거하는 곳이라면 어디에서나 미신이 존재한다. 문명국가에서 나타나는 미신은 세련된 형태를 취할 수는 있다. 다시 말해서, 미개 지역에서처럼 조악한 형태로 나타나지 않을 수는 있다. 내가 성장했던 시골 지역의 소박한 사람들도 미신에 사로잡혀 평생 미신의 속박에서 벗어나지 못하는 모습을 보였다.

하나님은 모든 것을 아신다

미신은 농담거리로 삼아 웃어넘길 문제가 아니다. 미신은 하나님의 품성을 왜곡한다. 자기도 모르는 사이에 미신을 받아들였다는 것은 하나님이 약한 존재이기에 세상의 일을 모두 통제할 수 없다는 전제를 받아들인 것이나 마찬가지이다. 귀신, 숫자의 조합, 특정한 날이나 별이나 별자리, 그리고 별들의 모양의 조합을 두려워하는 사람들은 하나님께서도 통제하실 수 없는 불가항력적인 것이 이 세상에 있다고 믿는 것이다. 그들이 볼 때, 이 우주는 하나님께도 너무나 크기 때문에 하나님이 조바심을 내며 우주 이쪽에서 저쪽으로 분주히 다녀야 하신다는 것이다.

미신을 믿는 사람들이 보는 하나님은 우주를 만들어놓고도 완전히 통제하지 못하는 제한된 신에 불과하다. 마녀, 주문(呪文), 마법, 귀신, 그리고 흉조(凶兆) 같은 것들이 이 땅에서 활개를 칠 때, 하나님께서 그분의 피조물을 두려워하여 우주의 다락방에 숨어 계신다는 것이 그들의 믿음이다. 이런 믿음이야말로 하나님의 거룩한 품성을 왜곡하는 것이다.

하나님께서 로마인들의 보통 신들처럼 한계가 있고 남들에게 속기도 한다고 믿는 미신은 그분의 지혜를 모욕하는 것이다. 하나님께서는 모든 것을 아신다. 우리 머릿속의 작은 생각도 하나님께는 너무나 분명히 보인다. 우리의 중얼거리는 소리조차 하나님의 귀에는 큰 확성기를 통한 것처럼 크게 들린다. 우리가 어떤 생각을 하기 전에도 그분은 이미 그것을 아신다. 하나님께서는 속지 않으신다. 하나님께서는 사람들의 속에 있는 것을 아신다. 하나님께서는 속을 보신다. 미래를 예언하시고 예정하신다. 지식과 지혜 그리고 그 밖의 어떤 지적 분야에서도 하나님께는 한계가 없다. 하나님을 속인다는 것은 절대 불가능하다.

하나님께서 어떤 인간의 약속을 믿으셨다가 약속이 깨지자 손을 비트시며 "저런! 저 사람이 내게 한 약속을 어겼으니 내가 이제 어떻게 해야 하나?"라고 탄식하시는 일은 결코 일어나지 않는다. 만일 하나님께서 그런 분이라면 나는 결코 그분께 충성을 바치지 않을 것이다. 내가 속일 수 있는 신이라면 나는 그 신 앞에 결코 무릎을 꿇지 않을 것이다. 내 거짓말에 속는 신이라면 나는 그 신 앞에서 "거룩하시다! 거룩하시다! 거룩하시다!"라고 찬양하지 않을 것이다.

미신 따위로 하나님 성품을 왜곡하지 말라

미신은 하나님의 능력과 지혜를 제한하거나, 그분을 유치한 앙갚음을 하는 짓궂은 신으로 만들어버린다. 미신의 요소들 중 하나는 우리의 심술궂은 성격을 하나님께 투사하여 그분을 우리의 형상대로 만들어버리는 것이다. 하나님을 원한을 품고 복수하는 신으로 만들어버리면 사람들이 그분을 두려워하게 된다.

  하나님은 무한히 참으시고 친절과 자비를 베푸신다. 하나님은 불쾌감을 이기지 못해 즉시 보복하는 분이 아니시다. 그렇기 때문에 그분은 "신이 있다면 10초 안에 나를 쳐 죽일 것이다"라고 말하는 사람에게 신경 쓰지 않으신다. 그 사람이 이렇게 말한 다음 10초가 흐르는 동안 사람들은 하늘에 있는 심술궂은 신이 그를 쳐 죽일지도 모른다고 생각하며 숨을 죽이고 기다린다. 미신적인 사람들은 하나님이 그분의 자리에서 일어나 인간처럼 행동하시기를 기다린다. 그러나 하나님은 원한에 사로잡히는 분이 아니시다. 보잘것없는 인간이 일시적 자만에 빠져 가슴을 두드리며 큰소리를 꽝꽝 쳐도 그분은 한없이 인내하신다. 하나님의 인내와 자비는 끝이 없다. 만일 그렇지 않다면 우리 모두는 지금 지옥에 있을 것이다.

  일부 근본주의자들은 하나님에 대한 표현을 말할 때 특정 어구(語句)를 정확히 발음하기 위해 노심초사한다. 그렇지 않으면 단어와 음절에 집착하시는 하나님께서 진노하신다고 생각하기 때문이다. 어떤 사람들은 '예수님'이라는 표현을 단독으로 사용하지 않는다. 다시 말해서 반드시 '주 예수 그리스도', '예수 그리스도 주님', 또는 '그리스도 예수 주님'이라고 말한다. 그들은 이 세 단어를 반드시 동시에 사용해야 한다고 믿는다.

  이런 사람들을 볼 때 나는 명예박사 학위를 받은 사람이 꼭 자기 이름 다음에 박사라는 말을 붙여야 직성이 풀리는 경우가 생각난다. 이런 사람들은 우리가 예수님을 언급할 때마다 '그리스도 주님'이라는 말을 붙이지 않으면 그분이 분하게 여기신다고 믿는 것이다. 과연 주님이 그런 분이신가? 만일 그런 분이시라면 우리는 변덕스럽고 유치하고 옹졸한 그리스도를 믿는 것이다.

사람들 속에 있는 미신적 사고는 하나님을 옹졸하고 유치하고 약하고 유한한 분으로 만든다. 그러나 하나님은 그런 분이 아니시다. 하나님이 얼마나 위대하고 영광스럽고 강한 분이신지, 하나님의 주권과 사랑과 인내와 거룩함이 얼마나 큰지를 안다면 우리는 셀 수 없이 많은 우리의 족쇄를 풀어 녹여서 유용한 물건을 만들 수 있을 것이다.

그리스도의 몸, 즉 교회에서 발견되는 모든 연약함은 하나님에 대한 오해에서 비롯된다. 다시 말해서, 하나님을 저급한 하나님으로 보는 견해에서 비롯된다. 하나님이 얼마나 큰 분이신지를 교회가 제대로 깨닫는다면 교회 안에는 아름다운 자유가 넘칠 것이다.

율법주의적 사고방식에서 벗어나라

일부 그리스도인들은 특정 형식의 예배가 아니면 예배를 드리지 못한다. 또 어떤 그리스도인들은 무릎을 꿇고 기도해야 한다고 교육받으며 성장했기 때문에 서서 기도하지 못한다. 반면에

서서 기도해야 한다고 배우며 성장한 사람들은 엎드려서 기도하지 못한다. 이런 사람들은 특정한 형식, 자세, 표현을 고수하지 않으면 신앙생활하는 것 같지 않다고 느낀다. 그러나 성경의 교훈에 따르면, 예배는 '영과 진리로'(요 4:23) 하면 된다! 그렇게 예배하면 온전한 자유를 얻을 수 있다. 사도 바울은 "주는 영이시니 주의 영이 계신 곳에는 자유가 있느니라"(고후 3:17)라고 가르친다. 하나님의 자녀는 하나님을 예배할 때 무한한 자유를 맛본다.

우리의 신앙 행위는 마녀가 틀에 박힌 주문(呪文)을 외울 때처럼 하는 것이 아니다. 우리는 마음에서 우러나와 자발적으로 하나님을 경배한다. 우리가 하나님을 사랑하고 하나님께서 우리를 사랑하시는데 특정 형식에 얽매일 필요는 없다.

물론 공중예배에는 나름대로 형식이 있어야 한다. 그렇지 않으면 예배가 너무 무질서해지게 된다. 찬송가 몇 장을 불러야 할지, 기도 다음에 무슨 순서가 있어야 할지, 헌금은 언제 해야 할지를 정해놓지 않으면 사람들이 매우 혼란스러워할 것이다. 그렇기 때문에 교회에서의 예배는 최소한의 형식이 있어야 한다. 그러나 율법주의적 사고방식에 사로잡혀 특정 형식을 고집하는 것은 스스로 속박의 멍에를 메는 것이다. 그런 속박에 빠진 사람은 교회에서처럼 특정 형식대로 신앙 행위를 하지 않는 다른 사람들을 볼 때 벌컥 화를 내기도 한다.

전통의 속박을 경계하라

전통은 그리스도와 그분의 사도들과 전혀 관계없는 것일 수도 있다. 어떤 판에 박힌 신앙 행위나 형식을 전통이라는 이름으로 무조건 받아들이는 일이 자주 일어난다. 사람들은 그런 것들이 어디에서 시작되었고 어떤 과정을 통해 현재까지 이르게 되었는지를 잘 알지 못한다. 그럼에도 불구하고 신심(信心)이 깊은 그리스도인들이 그런 것들을 그대로 답습한다.

네덜란드 동인도(지금의 인도네시아)에서 활동한 선교사 월터 포스트는 다야크족(보르네오 남부와 서부 지역에 사는 원주민) 젊은이가 설교하는 것을 들었다. 회심(回心)한 그 젊은이는 그 부족 언어로 하나님의 말씀을 탁월하게 전했다. 그런데 월터 포스트와 동일한 지역에서 일했던 미켈슨이라는 선교사는 나중에 내게 이렇게 말했다.

"이 다야크족 설교자에게는 특이한 버릇이 있었습니다. 설교하는 중에 그는 한쪽 손으로 옷의 칼라를 잡아당기고 다시 반대편 손으로 칼라를 잡아당기는 습관이 있었습니다. 나는 그가 왜 그러는지를 이해하지 못했는데 월터도 그런 습관이 있음을 알고 이해하게 되었습니다. 그런데 미국으로 돌아와 토저 목사님도 같은 습관이 있다는 것을 알게 되었을 때 나는 월터가 왜 그러는지 알게 되었습니다."

이런 얘기가 우스꽝스럽게 들릴 것이다. 그런데 아무 근거 없는 어떤 것에 속박당해서 오랜 세월 동안 그것에서 벗어나지 못하는 일이 우리에게도 일어날 수 있다. 그럴 경우에 우리 교회들은 그 근거 없는 것에 묶여서 영혼의 자유를 누리지 못하게 된다. 그러므로 우리는 어깨를 펴고 숨을 깊이 들이마시며 "예수 그리스도 안에서 나는 자유로운 사람이므로 그 어떤 것에도 속박당하지 않아"라고 말해야 한다.

음식과 의복에 얽매이지 말라

우리가 또 경계해야 할 속박은 음식과 의복에 얽매이는 속박이다. 예수님의 말씀에 의하면, 사람의 입으로 들어가는 것은 그를 더럽게 하지 못하므로 문제가 되지 않고 오히려 사람의 입에서 나오는 것이 그를 더럽게 하므로 문제가 된다(마 15:17-20).

바울은 "성령이 밝히 말씀하시기를 후일에 어떤 사람들이 믿음에서 떠나 미혹하는 영과 귀신의 가르침을 따르리라 하셨으니"(딤전 4:1)라고 경고했다. 귀신의 가르침이 무엇인가? 사람이 결혼하면 안 되고 고기도 먹으면 안 된다는 것이 귀신의 가르침이다. 고기는 하나님이 만드신 것이므로 믿는 자들과 진리를 아는 자들이 감사함으로 받으면 된다(딤전 4:3). 하나님이 주시는 것은 무엇이든지 선하다. 하나님이 창조하신 모든 것들은 감사함으로 받을 수 있는 선한 것인데 하나님의 말씀과 기도를 통해 거룩하게 되기 때문이다(딤전 4:4,5).

이토록 분명한 해방 선언이 성경에 나오지만, 하나님께 사랑받는 하나님의 많은 자녀들은 옛날의 생각에서 벗어나지 못하기 때문에 스스로 속박의 멍에를 멘다. 이런 사람들은 "나는 이러이러한 음식을 먹지 않겠다"라고 맹세하는데 그렇게 해야 불안감에서 벗어나기 때문이다. 비유를 들어 말하자면, 이것은 오랜 세월 목발을 사용하다가 그것을 벗어던진 사람이 왠지 허전하고 이상하게 느끼는 것과 유사하다. 이런 사람들은 자기들을 억압하는 어떤 것이 있어야 오히려 마음이 편해진다. 그들은 하나님 안에서 자유를 누리길 원하지 않기 때문에 이런 것은 먹고 저런 것은 먹지 않는다. 심지어 그들은 자신들이 과학적으로도 옳다는 것을 확인하기 위해 이런저런 책을 사서 읽는다.

먹는 문제에 관한 원칙은 이것이다. 무엇을 먹어서 해를 입지 않는다면 무엇이든지 먹어라. 특정 음식에 알레르기가 없다면 얼마든지 먹어라. 하나님께서 지으신 모든 것이 선하기 때문이다. 진리를 아는 믿음의 사람들이 감사함으로 받으면 그분이 만드신 모든 것을 먹을 수 있다. 먹었을 때 발진이 생기면 먹지 말라. 하지만 발진이 생기지 않으면 얼마든지 먹어라.

'종교적 의미가 깊은 음식'이 있다고 생각하지 말라. 음식이 종교적 의미를 갖는 것이 아니다. 사도 바울은 "음식은 우리를 하나님 앞에 내세우지 못하나니 우리가 먹지 않는다고 해서 더 못사는 것도 아니고 먹는다고 해서 더 잘사는 것도 아니니라"(고전

8:8)라고 말했다. 이 말씀은 음식에 대한 우리의 혼란과 논쟁을 종식시킨다.

머리카락이나 수염을 길게 기른다고 영성이 깊어지는 것이 아니다. 옷의 모양이나 옷의 재질에 따라 영성이 좌우되는 것이 아니다. 내가 제시하는 원리는 이 세상에서 가장 간단한 것이다. 어떤 옷이 너무 튀지 않고 적당하다면, 그것이 당신의 경제력의 분수에 맞는다면 얼마든지 자유롭게 입어라. 이것이 하나님의 뜻이다.

기념일이나 절기에 속박당하지 말라

부활주일에는 교회에 사람들이 구름같이 몰려들고 그 다음 주일에는 교회가 텅 비는 현상이 종종 일어난다. 부활주일에는 교회에 나오지만 그 다음 주일에는 모습조차 보이지 않는 사람들을 그리스도인이라고 말할 수 있을까? 그렇다고 치자. 그런데 그런 그리스도인들은 무엇인가에 사로잡혀 있는 것이다.

우리는 언제 예배해야 하는가? 토요일? 주일? 어떤 이들은 이 날에 예배해야 한다고 주장하고, 또 다른 이들은 저 날에 예배해야 한다고 주장한다. 토요일에 예배하는 사람은 주일에 교회에 가지 않을 것이다. 마찬가지로, 주일에 예배하는 사람은 토요일에 교회에 가지 않을 것이다. 그런데 어떤 요일에 예배해야 하는가 하는 문제를 가지고 우리가 논쟁을 벌이도록 하기 위해 그리스도께서 십자가에서 돌아가셨는가? 결코 그렇지 않다!

교회에서 지키는 기념일이나 축일의 문제에 대해 생각해보자. 어떤 이들은 절기들을 모두 지키고 또 어떤 이들은 하나도 지키지 않는다. 교회력(敎會曆)에 너무 집착하는 사람들은 어린양의 보혈로 죄 사함 받아 그리스도인이 되었다는 것이 진정 무엇을 의미하는지를 망각할 수도 있다. 그런 사람들이 범할 수 있는 최악의 잘못은 다른 사람들도 자기처럼 해야 한다고 주장하는 것이다. 우리는 그 무엇에도 속박당하지 말아야 한다. 예수 그리스도께서는 우리가 그분의 뜻을 행할 수 있도록 우리를 해방하셨다.

진정한 자유를 누려라

'도덕률 폐기론'(antinomianism)이라는 말이 있다. 이것은 특정 논리를 극단적으로 밀고 나가는 경향이 있는 사람들의 주장이다. 내가 "당신은 자유롭습니다"라고 말하면 그들은 뛸 듯이 기뻐하면서 "오, 하나님! 감사합니다. 저는 자유롭습니다. 이제 제 마음대로 하겠습니다"라고 소리친다. 그리고 밖에 나가 죄를 범한다. 자기가 얼마나 자유로운지를 보여주기 위해서 말이다. 이런 사람들이 '도덕률 폐기론'을 믿는 사람들이다.

그러나 사도 바울은 "형제들아 너희가 자유를 위하여 부르심을 입었으나 그러나 그 자유로 육체의 기회를 삼지 말고 오직 사랑으로 서로 종노릇하라"(갈 5:13)라고 가르친다. 하나님께서 우리를 해방시키셨다. 그러나 그것은 악을 행하기 위한 해방이 아니다. 그리스도인의 자유는 선을 행하기 위한 자유이다! 일부 그리스도인들은 자유를 불경건하고 엉뚱한 극단으로까지 밀고 나가서 "은혜가 내게 계속 작용하도록 하기 위해 내가 죄를 조금 범해야 한다"라고 말한다. 이런 사상이야말로 비극적 이단이다. 하나님의 자녀는 이 비극적 이단의 정체를 분명히 꿰뚫어보고 마치 전염병을 피하듯 피해야 한다.

그리스도인의 자유는 외적 요소에 방해받지 않고 성령 안에서 살아갈 수 있는 자유이다. 기독교의 자유는 정부에 대한 두려움으로부터의 자유요, 죄의 형벌에 대한 두려움으로부터의 자유요, 하나님을 섬겨야 한다는 강박감(强迫感)으로부터의 자유요, 마귀에 대한 두려움으로부터의 자유요, 검은 고양이와 검은 새와 부적과 주문과 주술과 마법에 대한 두려움으로부터의 자유요, 온갖 종류의 종교적 속박으로부터의 자유요, 전통이라는 쇠 멍에로부터의 자유이다. 그리스도인의 자유는 성령 안에서 살면서 '영과 진리로'(요 4:23) 하나님을 예배할 수 있는 자유이다. 은혜가 넘치도록 하기 위해 죄를 범해야 한다는 이단적 사상이 침투할 것에 대비하여 바울은 "은혜를 더하게 하려고 죄에 거하겠느냐 그럴 수 없느니라 죄에 대하여 죽은 우리가 어찌 그 가운데 더 살리요"(롬 6:1,2)라고 선언했다.

사랑할 자유가 우리에게 있다. 그러므로 우리 행위의 근원은 사랑이다. 다시 말해서, 우리 행위의 근원은 미워하지 않을 자유이다. 미움에서 해방된다는 것은 매우 복된 것이다. 미움은 도덕적 암이기 때문에 영혼을 갉아먹다가 결국은 사람을 죽인다. 미움에서 해방되는 것은 암이 치료되는 것과 흡사하다. 미움과 시기와 불경건한 야망과 자기의 고집에서 해방되어 하나님의 뜻을 행할 자유를 얻는 것이 기독교의 자유요, 그리스도인의 자유이다.

어떤 종류의 죄든 간에 죄를 범할 수 있는 자유는 기독교의 자유가 아니다. 내면적 자유를 얻어 하나님을 향한 사랑이 마음속에서 샘솟는 그리스도인은 죄를 짓지 않을 것이다. 혹시 죄를 범할지라도 그는 죄를 슬퍼하며 고백하고 용서받고 다시는 그런 죄를 범하지 않겠다고 결심할 것이다.

자유를 남용해서는 안 된다

자신의 자유를 잘못 사용하여 다른 그리스도인들을 악한 양심에 빠뜨리는 것은 그리스도인이 할 일이 아니다. 사도 바울은 우상에게 제물로 드려졌던 고기에 대해 언급했다. 그런 고기를 먹는 것을 양심에 거리끼는 그리스도인들이 일부 있었기 때문이다. 바울은 이 문제를 고린도전서 8장에서 다음과 같은 취지로 말했다.

"우상의 제물로 드려졌던 고기를 먹는 것에 대해 나는 양심에 전혀 거리낌이 없다. 그 고기가 상한 것만 아니라면 나는 얼마든지 먹겠다. 왜냐하면 우상은 실제로 존재하는 것이 아니기 때문이다. 하나님이 한 분이시요, 주님이 한 분이시요, 성령이 한 분이시다. 그 외의 다른 신들은 오직 상상 속에서만 존재한다. 그것들이 내게는 전혀 존재하지 않는다."

이렇게 전제한 후 바울은 다시 다음과 같이 말했다.

"그런데 이런 사실을 모르는 초신자의 집에 내가 있다고 가정해보자. 그럴 경우 나는 그의 양심에 전혀 부담을 주지 않기 위해 우상의 제물로 드려진 고기를 정중하게 사양할 것이다."

바울의 이 말에서 알 수 있듯이 그리스도인의 자유가 다른 사람에게 걸림돌로 작용할 위험성이 있다. 그리스도인이 그의 자유에 따라 마음껏 행동하는 것을 보고 다른 사람들이 그가 죄를 짓는다고 판단할 수도 있기 때문이다. 그럴 경우, 그의 자유가 다른 사람들에게 걸림돌이 되는 것이다.

내가 세운 원칙은 이렇다. 그리스도께서 당신을 자유롭게 하셨으므로 자유를 누려라! 당신이 노예가 아니라 아들이라는 사실을 기억하라. 당신은 집에서 일하는 종이 아니라 가족에 속한 자녀이다. 당신은 아버지의 자녀이다. 그러므로 자유를 누려라.

그러나 자유를 남용하거나 악용하여 육신대로 사는 잘못을 범하지 말라. 육신을 억제하고 대신 그리스도를 위해 사랑의 짐을 스스로 져라. 스스로 자신의 어깨에 메는 짐은 결코 무거운 것이 아니다. 자발적으로 지는 것은 멍에가 아니다. 다른 사람이 "이 짐을 지지 않으면 죽을 것이다"라고 말하며 당신의 어깨에 얹어 놓은 것이 진짜 멍에이다.

이런 상황을 가정해보자. 수염을 길게 길렀거나 특이한 옷을 입었거나 이상한 장신구를 붙이고 있거나 색다른 전통을 주장하는 어떤 사람이 내 앞에 나타난다. 그는 자기에게 없는 이상한 권위를 내세우거나 자기의 영성을 과시하는 태도로 내 어깨 위에 어떤 짐을 얹어 놓으려고 시도한다. 이런 경우가 생긴다면 나는 그에게 불쾌감을 주지 않도록 노력하면서 다음과 같이 말할 것이다.

"오 친구여, 당신은 내 아버지를 모르는군요. 내 아버지는 당신의 주장에 동의하지 않으실 것입니다. 그분은 내게 '내 자녀야, 너는 자유롭다. 완전히 자유롭다. 다른 사람들을 위해 자발적으로 짐을 질 수 있는 자유가 네게 있다. 그들을 위해 짐을 진다면 네 어깨가 결코 아프지 않을 것이다. 종교나 철학이나 전통이나 미신이 네 어깨 위에 얹어 놓는 짐은 네 어깨에 상처를 내고 결국 너를 죽일 것이다. 그러나 예수의 멍에는 쉽고 그의 짐은 가볍다'라고 말씀하실 것입니다."

오직 성령을 의지하라

주 예수님은 힘든 것을 내게 요구하지 않으신다. 이제까지 살면서 내 어깨를 아프게 했던 무거운 멍에는 그분이 얹어 놓은 짐 때문이 아니라 내 육신의 짐 때문에 생겼다. 내가 그분을 위해 자발적으로 진 얼마 안 되는 짐은 전혀 무거운 것으로 느껴지지 않았다. 그런 짐은 정말 가벼웠다.

따라서 그 무엇에도 속박당하지 않도록 조심하자. 우리는 그리스도 예수 안에서 자유로운 사람들이기 때문이다. 또한 육신을 위해 우리의 자유를 남용하거나 악용하지 않도록 분별력을 발휘하자. 자유를 구실로 내세워 방종에 빠지는 일을 경계하자. 예수 그리스도를 마음속에 모신 사람은 선한 사람이어야 한다. 선한 사람이 되기를 두려워하지 말자. 예수님의 보혈로 쓰인 자유의 헌장(憲章)을 주님께 다시 던져버리는 잘못을 범하지 말자. 그분이 우리를 해방시켜 자유를 주셨으므로 그 자유 안에 굳게 서서 속박의 멍에를 메지 말자. 또한 육신을 위해 자유를 남용하지도 말자.

당신이 자유롭다는 것을 알았으므로 이제부터 주님을 위해 스스로를 훈련하라. 하나님의 율법이 당신 안에서 이루어지도록 성령을 의지하라. "율법이 육신으로 말미암아 연약하여 할 수 없는 그것을"(롬 8:3) 이루기 위해 하나님께서 그분의 아들을 보내시고 우리에게 성령을 주셨다는 것을 늘 기억하라.

랠프 E. 허드슨(Ralph E. Hudson, 1842~1901)이 쓴 〈오직 예수님〉이라는 시(詩)를 읽어보자.

죄인이 그의 짐을

내려놓을 수 있는 분은

오직 예수님

우리의 무거운 짐을 받아서

자기 짐처럼 지시는 분은

오직 예수님

요람에서 무덤까지

오직 예수님, 오직 예수님

다른 이름은 구원할 수 없으니

오직 예수님, 오직 예수님

우리의 불안한 발걸음이

좁은 길에서 벗어나지 않도록

지켜주시는 분은

오직 예수님

흔들리는 영혼이

죄의 길에 빠지지 않도록

인도하시는 분은

오직 예수님

힘들고 지친 자가

갑옷을 벗어 내려놓을 수 있는 분은

오직 예수님

무거운 십자가를 지고

빛나는 면류관을 주시는 분은

오직 예수님

속량 받은 영혼이

황금 해변에 이를 때 반겨줄 분은

오직 예수님

내가 영원무궁토록

부를 노래는

오직 예수님

chapter **09**

빈둥거림과 분주함의 함정에서
빠져나오라

"그런즉 너희가 어떻게 행할지를 자세히 주의하여 지혜 없는 자같이 말고 오직 지혜 있는 자같이 하여"(엡 5:15).

바람을 살피지 않고 구름을 관찰하지 않고 농사를 짓는 사람은 어리석은 농부이다. 그는 가을에 수확할 곡식이 별로 없을 것이다. 반면 매일 아침 손가락에 물을 묻힌 다음 바람에 날려 바람의 방향을 알아보거나 머리 위에 구름만 보여도 살살 뒷걸음질 치는 농부 역시 추수기에 할 일이 없을 것이다. 구름은 언제나 있기 마련인데 구름에 너무 신경을 쓰면 아예 집 밖으로 나오지도 못할 것이다. 지혜로운 사람은 어떤 구름에 신경을 써야 하고 또 어떤 구름을 무시해야 하는지를 잘 구별한다.

사람들이 무조건 위험에 과민하도록 만드는 것이 내 의도는 아니다. 우리가 위험에 지나치게 민감하면 일이 진전되지 않는다.

성경은 "풍세를 살펴보는 자는 파종하지 못할 것이요 구름만 바라보는 자는 거두지 못하리라"(전 11:4)라고 말한다. 그리스도인은 바람과 구름을 살피는 데만 너무 집중하여 아무 일도 못하는 사람이 되어서는 안 된다. 물론 그 반대로 너무 나가서도 안 된다. 다시 말해서, 위험이 닥치지 않을 것이라고 낙관하고 무조건 일을 밀고 나가면 위험을 몇 배로 증폭시켜 결국 재앙을 자초할 것이다.

빈둥거리지 말라

'수고는 죄이다. 아무리 좋게 봐주어도, 수고는 인간에게 임한 저주이다'라는 생각이 널리 퍼져 있다. 어떤 그리스도인들은 "일은 아담의 타락 때 하나님께서 세상에 내리신 징벌이다"라고 말한다. 그러나 이런 식의 얘기들은 결코 맞지 않다. 아담의 타락이 기록된 창세기 3장 이전의 성경 기록을 읽어보라. 하나님께서는 이제 막 창조된 부부에게 "생육하고 번성하여 땅에 충만하라, 땅을 정복하라"(창 1:28)라고 말씀하셨다.

인간이 땅에 충만하려면 자식을 낳아야 했다. 일하지 않고 자녀를 양육할 수 있다고 생각하는 사람은 자식을 낳은 경험이 없거나 아이들 근처에도 가보지 않은 사람이다. 땅을 정복하라는 하나님의 명령 속에는 일을 하라는 의미가 함축되어 있다.

아담과 하와는 에덴동산을 경작하고 보존하는 사명을 받고 그

곳에서 살게 되었다. 그들이 게으름에 빠져 아무 일도 하지 않고 빈둥거리라고 그곳에 보내진 것이 아니다. 창조주 하나님께서는 하나님의 형상대로 인간을 만드셨다. 그러므로 인간이 창조주의 속성을 어느 정도 갖는 것이 그분의 뜻이었다. 인간은 수고하고 땅을 정복하고 자녀를 낳고 자녀의 양육을 위해 일을 해야 했다. 아담과 하와는 에덴동산을 경작하고 보존해야 했는데 그렇게 하려면 당연히 일을 해야 했다.

일은 타락의 결과가 아니다. 하지만 죄 때문에 슬픔과 가시와 엉겅퀴와 땀의 수고가 인간의 운명이 되었다. 이런 것들이 창세기 1장과 2장에는 나오지 않는다. 다시 말해서, 아담의 타락 이전에는 존재하지 않았다. 그런데 창세기 1장과 2장에는 일을 의미하는 '경작하다', '보존하다', '정복하다', '돌보다'라는 단어가 나온다.

슬픔과 가시와 엉겅퀴와 땀의 수고는 인간의 죄 때문에 생겼다. 일은 인간의 죄의 결과가 아니다. 하지만 슬퍼하면서 일하는 것은 죄의 결과이다. 가시와 엉겅퀴를 헤쳐가면서 일하는 것은 죄의 결과이다. 땀을 흘리면서까지 날마다 수고하는 것은 죄의 결과이다. 하나님께서는 우리를 '일하는 사람'으로 만드셨다. 우리 주 예수님도 '일하는 사람'이셨다. 그러므로 빈둥거림은 그리스도를 닮지 않는 것이며 하나님의 높은 뜻을 어기는 것이다. 빈둥거림은 땅에 충만하고 땅을 정복하라는 사명을 저버리는 것이요, 유혹의 절벽 아래로 발을 내딛는 것이다.

아이작 왓츠(Isaac Watts, 1674~1748. 영국의 비국교회파 목사이며 찬송시 작가)는 아이들을 위한 그의 소책자 《빈둥거림과 쓸데없는 장난을 삼가라》(Against Idleness and Mischief)에서 다음과 같이 썼다.

수고할 일이 있다면
솜씨를 발휘할 일이 있다면
나는 기꺼이 참여하리라.
사탄은 빈둥거리는 자를 찾아내어
못된 일을 하도록 부추긴다.

내가 볼 때, 아무 할 일 없는 사람들 때문에 이 세상에 많은 악(惡)이 생기는 것 같다. 물론 생산적 활동을 하는 사람들도 죄를 짓기는 하지만, 아무 할 일 없는 사람만큼 죄를 짓는 것 같지는 않다. 우리가 알다시피 다윗은 유혹을 이기지 못해 간음죄와 살인죄를 범했다. 언제 그랬는가? 전쟁 때 자기 의무를 다하지 않고 지붕 위에서 한가하게 거닐다가 밧세바를 보고 유혹을 받았을 때 그랬다.

할 일 없는 그리스도인은 위험한 상태에 처한 것인데 왜냐하면 그의 구주처럼 살지 않기 때문이다. 우리 주님은 여러 곳을 두루

다니며 선한 일을 행하셨다. 주님은 부지런한 사람들을 택하여 제자로 삼으셨다. 리비에라(Riviera, 프랑스의 칸과 이탈리아의 라스페치아 사이에 있는 지중해 연안지대)에서 빈둥거리는 사람들을 택하신 것이 아니다. 주님께 제자로 선택받은 사람들은 삶의 의욕이 넘치는 열심히 일하는 소박한 사람들이었다. 주님이 그런 사람들을 선택하신 데는 그분 나름대로의 깊은 뜻이 있었던 것이다.

일은 영혼을 빛나게 한다

하나님께서는 창조적 활동을 하도록 우리를 지으셨다. 당신은 창세기에 나오는 하나님의 명령에 따라 살기를 원하는가? 그렇다면 일할 수 있는 기회를 잡아라! 일할 수 있는 준비가 되어 있다고 스스로 느낄 때까지 기다리지 말라. 당신이 원했지만 지금까지 미룬 일이 있는가? 더 이상 미루지 말고 지금 당장 시작하라. 자전거 타기를 배우겠다면 넘어질지라도 계속 시도하라. 자전거를 배운 다음에 구입하겠다는 생각을 버려라. 먼저 자전거를 구입해 연습하라. 무슨 일이든지 적극적으로 나서라. 처음에는 실수할지라도 계속 시도하라.

어떤 사람들은 자신들이 교회에서 할 일이 없다고 말한다. 재능 있는 사람들이 교회에 많기 때문에 자기들이 할 일이 없다는 것이 그들의 주장이다. 내가 볼 때 이런 사람들은 성가대의 솔로이스트(Soloist, 홀로 노래하는 사람)나 특정 부서의 책임자를 염두에 두고 그렇게 말하는 것 같다. 그러나 솔로이스트나 책임자의 자리는 극히 제한되어 있다. 모든 교인에게 그런 자리가 돌아갈 수는 없다. 그러나 교인의 본분을 다하겠다는 마음 자세가 되어 있는 그리스도인이라면 교회 안에서 얼마든지 자기의 일을 찾아 봉사할 수 있다.

그리스도인들은 농장에서 사용되는 기계와 같다. 농장의 기계들은 좀처럼 망가지지 않는다. 그것들을 잘 관리하면 구식이 되어버릴 때까지 얼마든지 사용할 수 있다. 하지만 사용하지 않고 축축한 창고에 처박아둔 기계는 금방 망가진다. 많이 사용한 기계는 십 년이 지나도 새것처럼 반짝반짝하다.

하나님이 당신을 100년 동안 살게 하시어 당신이 100년 동안 일한다 할지라도 결코 영혼이 녹슬지 않을 것이다. 하지만 하는 일 없이 불만스럽게 1년을 보내면 영혼이 많이 녹슬 것이다. 일하는 것을 두려워하지 말라. 탁월한 전략가 마귀는 열심히 일하는 하나님의 자녀에게 찾아와 그의 귀에 이렇게 속삭인다.

"너무 일하면 신경쇠약에 걸리니 조심하라."

그러나 예수 그리스도의 가벼운 멍에를 메고 일하면 절대 신경쇠약에 걸리지 않는다는 것이 나의 확신이다. 신경쇠약은 좌절감, 숨겨진 죄, 하나님의 뜻을 거부하고 자기 길을 고집하는 완고함 같은 것들 때문에 생긴다. 예수님이 다음과 같이 말씀하셨다는 사실을 기억하라.

"내 멍에는 쉽고 내 짐은 가벼움이라"(마 11:30).

우리 구주의 나라에서 성실하게 일했기 때문에 흰머리가 생긴 적은 한 번도 없다. 내 뜻을 고집했거나 세상이 내 뜻대로 내게 해주지 않는다고 불평했기 때문에 생긴 흰머리는 아마 많을 것이다. 우리에게 좌절감과 질병을 안겨주는 것은 주님을 위한 일이 아니라 우리의 고집과 분노이다. 예수님은 병에 걸리지 않으셨다. 만일 십자가에서 돌아가시지 않으셨다면 그분은 언제까지라도 일하면서 살아 계셨을 것이다. 끊임없는 수고가 예수님을 죽인 것이 아니다. 예수님은 사람들이 만든 십자가에서 돌아가셨다. 바울은 늙어서도 하나님의 일을 했다. 참수당하여 죽을 때까지 일했다. 베드로도 십자가에 못 박혀 죽을 때까지 주님의 멍에를 메고 영적 사역에 매진했다.

주님을 위해 일하라

우리가 더 이상 주님의 일을 못하게 되는 것은 우리의 인간적 연약함과 결점으로 쓰러지기 때문이다. 일하기를 두려워하지 말라. 일할 시간이 당신에게 얼마 남아 있지 않을지도 모른다. 노쇠한 사람은 건강상의 문제로 한순간에 쓰러질 수도 있다. 물론 우리 가운데 그런 사람이 많지 않을 것이다. 아니, 전혀 없을지도 모른다. 아무튼 나는 낙관적으로 생각하고 싶다. 우리 몸의 여기저기에 부실한 곳이 조금씩 생겼다 할지라도 열심히 일하다보면 그것들이 극복될 수 있다. 일을 해서 몸이 망가지는 경우보다는 일을 해서 몸이 좋아지는 경우가 더 많을 것이다.

교회 안에는 할 일이 많다. 중보기도가 필요한 사람들이 많고, 심방을 원하는 사람들도 많을 것이다. 어려움 가운데 있는 사람들에게 편지도 많이 써야 할 것이다. 소책자나 팜플렛을 나누어 주는 일도 해야 할 것이다. 성가대에도 사람이 필요하다. 아이들이나 젊은이를 격려하는 사람도 필요하다. 다시 말하지만, 교회 안에는 할 일이 많다.

몇 년 전 인디애나폴리스에서 어떤 사람이 내게 교회에서 할 일이 없느냐고 물었다. 나는 할 일이 없는 것 같다고 대답했다. 그가 어떤 부서의 책임자가 되기 원한다고 생각했기 때문이다. 그러나 그는 전혀 그렇지 않았다. 그는 자신이 교회에서 잔디 깎기를 할 수 없느냐고 물었고 나는 얼마든지 할 수 있다고 말해주었다.

그의 수고로 교회의 잔디와 마당은 평소보다 말끔해졌다. 그는 정문에 있는 교회 간판에 니스 칠을 했고 작은 울타리를 깔끔하게 세웠다. 교회의 잔디는 마치 골프장의 잔디처럼 보기에 좋았다. 회심한 지 얼마 안 된 그는 하나님께서 주신 감동으로 성실하게 일했다. 그는 하나님을 위한 일이라면 아무리 미천한 것이라도 감사하다는 겸손한 마음으로 잔디 깎기를 자원한 것이다.

그로부터 얼마 안 되어 그는 길거리에서 전도를 시작했다. 그

후에는 이런저런 집회에서 메시지를 전했다. 다시 그로부터 얼마 안 되어 그는 인디애나폴리스가 아닌 다른 도시로 가서 집회를 인도했다. 결국 그로 인하여 작은 무리의 사람들이 모였고 그것이 교회가 되었다. 그 교회는 복음을 전하고 선교사를 파송하고 물질과 기도로 선교회를 돕는 일을 하고 있다. 이 모든 것이 믿은 지 얼마 안 되었지만 주님을 위해 무슨 일이라도 하겠다는 한 사람 때문에 가능했다.

만일 그가 의기소침하여 자기의 아내에게 "교회에는 재능 있는 사람이 너무 많아서 내가 어떤 부서의 책임자가 될 수 없소. 내가 할 일은 없는 것 같군요"라고 말했다면 그는 쇠약해졌을 것이고, 인디애나폴리스 밖에 교회가 세워지지 못했을 것이다. 하지만 그는 훌륭한 그리스도인이었기 때문에 머리가 되려고 하지 않았다. 오히려 낮은 자리에 나아가 잔디 깎기부터 시작했다.

마귀는 하는 일 없이 빈둥거리는 사람들에게 찾아가 못된 일을 하도록 살살 유혹한다. 빈둥거림에는 위험이 따른다. 그러므로 빈둥거리지 말고 선한 일을 찾는 지혜를 발휘하자.

분주함의 덫에 빠지지 말라

그리스도인들이 가는 길의 우편에 '빈둥거림'의 함정이 있다면 그 길의 좌편에는 '분주함'의 함정이 있다. 분주함에도 역시 위험이 도사리고 있다. 솔로몬의 말을 들어보자.

"범사에 기한이 있고 천하만사가 다 때가 있나니 날 때가 있고 죽을 때가 있으며 심을 때가 있고 심은 것을 뽑을 때가 있으며 죽일 때가 있고 치료할 때가 있으며 헐 때가 있고 세울 때가 있으며 울 때가 있고 웃을 때가 있으며 슬퍼할 때가 있고 춤출 때가 있으며 돌을 던져 버릴 때가 있고 돌을 거둘 때가 있으며 안을 때가 있고 안는 일을 멀리 할 때가 있으며 찾을 때가 있고 잃을 때가 있으며 지킬 때가 있고 버릴 때가 있으며 찢을 때가 있고 꿰맬 때가 있으며 잠잠할 때가 있고 말할 때가 있으며"(전 3:1-7).

지혜로운 그리스도인은 극단에 빠지는 것이 잘못임을 잘 안다. 그는 범사에 때와 기한이 있다는 것도 잘 안다. 전도서는 빈둥거릴 때가 있다고 말하지는 않지만 긴장을 풀고 쉬어야 할 때가 있다고 말한다. 텐트를 쳐야 할 때가 있다는 사실을 깨닫는 것이 지혜이다. 오늘은 여행할 만큼 했으므로 더 이상 앞으로 나아가지 말고 텐트를 치고 휴식을 취해야 한다고 결정하는 사람은 복이 있다.

빈둥거리는 것은 용납될 수 없는데 빈둥거림은 목적이 없다는 것을 의미하기 때문이다. 만일 내게 목적이 없다면 나는 빈둥거릴 것이다. 사람들은 편하게 가만히 있는 것을 좋아하기 때문에 빈둥거리는 것이다. 우리를 빈둥거림에 빠뜨리는 온갖 도구나 오락거리나 기계들이 현재 우리 주변에 넘친다. 그런데 하나님의 나라 안에서 빈둥거림은 용납되지 않지만 휴식은 용납된다! 구약

성경 에스겔서 1장에서 볼 수 있듯이, 저 위 하늘의 불 옆에 있는 생물도 멈추어 서 있을 때는 날개를 내렸다.

기도의 시간을 확보하라

세상의 일에 너무 바빠서, 심지어 하나님의 일에 너무 바빠서 기도하지 못하는 경우가 생길 수 있다. 우리가 잘 알듯이 기도는 하나님을 기다리는 것이요, 그분 앞에서 잠잠히 앉아 엉클어진 걱정 근심의 삶을 풀어내는 것이요, 우리의 영혼을 그분께 향하는 것이다. 그런데 그런 기도의 시간을 갖지 못할 정도로 바쁜 것은 굉장히 위험한 일이다.

다니엘은 하루에 세 번 기도했고 선지자들도 하나님과 함께 조용한 시간을 가졌다. 하나님은 조용히 그분을 찾는 사람들을 기뻐하신다. 하나님과 함께 조용한 시간을 보내지 못하는 사람은 사람들 앞에서 선한 말을 할 수 없다. 그런 조용한 시간이 먼저 있어야 그 다음에 하나님의 말씀이 사람들의 마음을 움직일 수 있다. 태초에 조용한 시간, 즉 침묵이 있다가 그 다음에 하나님이 말씀하셨다.

하나님은 그분의 거룩하고 완전한 존재의 영원한 침묵을 깨고 말씀하셨다. 너무 분주하기 때문에 우리는 의미 있는 것을 전혀 할 수 없고, 너무 말이 많기 때문에 의미 있는 말을 하지 못한다. 침묵을 추구했던 선지자들은 의미 있는 말을 하는 법을 침묵 속에서 배웠다. 그런 다음 침묵을 깨고 말했고, 다시 침묵에 빠져들었다. 이제 우리도 가정이나 교회에서 말을 줄이고 침묵을 배워야 할 때가 되었다.

언제나 나는 말이 많은 사람들을 조심하게 된다. 사실, 그런 사람들을 두려워한다. 의미 있고 가치 있는 말을 늘 한다는 것은 매우 어렵다. 지혜로운 사람만이 그렇게 할 수 있을 것이다. 그러므로 우리는 성경이 가르치는 침묵을 배워야 한다. 예수님도 광야로 들어가서 침묵 속에서 40주야를 계셨다. 거기서 그분은 마귀의 유혹을 받았지만 하나님의 말씀으로 이기셨다. 침묵의 광야에서 나오신 예수님은 성령충만하여 여러 곳에서 복음을 전하셨다. 그분은 우리에게 문을 닫으라고 말씀하신다. 그분의 말씀을 들어보자.

"너는 기도할 때에 네 골방에 들어가 문을 닫고 은밀한 중에 계신 네 아버지께 기도하라 은밀한 중에 보시는 네 아버지께서 갚으시리라"(마 6:6).

하나님과 함께 시간을 보내라

세상의 일이 사람을 망가뜨릴 수도 있다. 언젠가 어떤 사람이 내게 전화를 해서 이렇게 말했다.

"나는 몇 년 전에 그리스도인이 된 사람인데 하나님의 뜻을 행하고 싶습니다. 부동산업을 하는 내게는 동업자들이 있습니다.

우리는 월요일부터 토요일까지 일하고 주일에는 쉬었습니다. 그런데 내 동업자들이 주일에도 문을 열자고 제안합니다. 제가 어떻게 하면 좋겠습니까?'

나는 그에게 무슨 일이 있어도 말씀대로 살라고 얘기해주었다. 다시 말해서, 사업에서 손해를 보더라도 선한 양심을 지키라고 조언했다. 우리의 동업자들이 우리의 신앙적 결단에 동의하지 않는다면 동업을 끝내고 독자적으로 사업을 시작해야 할 것이다. 그러면 하나님의 복이 임할 것이다.

나는 '주일 엄수주의자'(Sabbatarian)가 아니다. 일주일 중 어느 한 날이 다른 날보다 더 특별하다고 믿지는 않는다. 그러나 하나님을 위해 시간을 드려야 한다고 믿는다. 일주일에 7일을 일하는 사람은 하나님을 위한 시간을 내는 것이 아니다. 몇 푼의 돈을 더 벌기 위해 일곱 번째 날에도 사무실 문을 여는 사람은 그분께 시간을 드리는 것이 아니다. 수요일이든 주일이든 금요일이든 우리는 하루를 쉬어야 한다. 기왕이면 주일이 더 좋을 것이다.

이렇게 일주일에 하루를 할애해야 하나님의 집에 가서 그분의 백성과 함께 목소리를 높여 시온의 노래를 부를 수 있다. 또 그렇게 하는 것이 신앙고백의 행위이다. 우리가 '주일 엄수주의자'는 아니지만 만사에는 때가 있음을 기억해야 한다. 하나님과 함께 보내는 시간을 가꾸어나가지 않는다면 세상 일이 우리를 망가뜨릴 수 있다.

R. A. 토레이(Reuben Archer Torrey, 1856~1928. 미국의 복음전도자이자 목회자)는 주님의 일을 너무 열심히 하는 것이 일의 효율성을 파괴할 수 있다고 믿었다. 그는 1년에 14일을 할애하여 오래된 옷을 입고 산으로 들어가곤 했다. 그가 어디로 가는지를 아는 사람은 그의 아내뿐이었다. 누군가 죽었다는 소식 이외의 다른 소식은 그에게 전달될 수 없었다. 2주 동안 그는 긴장을 풀고 하늘을 응시하며 귀를 기울였다. 그런 다음 마음과 생각을 진리로 가득 채운 채 복잡한 세상으로 돌아왔다.

나는 당신에게 지혜롭고 귀한 판단 기준을 제시하고 싶다. 주님의 일에 너무 바빠서 그분 앞에 나아갈 시간을 내지 못한다면 당신은 그분의 일을 너무 많이 하는 것이다. 우리는 조심해야 한다. 주변을 잘 살피며 지혜롭게 걸어야 한다. 우리 앞에는 하나님의 넓은 길이 놓여 있다. 그러나 그 길의 왼편에는 빈둥거림의 도랑이 있고 그 우편에는 지나친 분주함의 도랑이 있다. 물론 이 두 가지 사이에는 하나님의 넓은 길이 있다. 그 넓은 길을 조심해서 지혜롭게 가는 사람은 빈둥거림 때문에 녹슬지 않고 그분의 일을 많이 할 수 있다. 또 그런 사람은 지나친 분주함 때문에 자신을 망가뜨리지도 않는다.

만사에는 때가 있다. 우리는 하나님께 나아가 에너지를 충만히 채운 다음 그것을 다시 하나님의 일에 쏟아부어야 한다. 그렇게 하면 미련한 사람이 되지 않고 지혜로운 사람이 될 것이다. 넓은 길의 좌우에 있는 함정에 빠지면 안 된다. 게을러서 빈둥거리는 그리스도인에게는 화(火)가 있을 것이다. 그런 사람은 은혜 안에서 성장하지 못한다. 그런 사람이 되지 않게 해달라고 하나님께 구하자.

하지만 또 다른 것도 구하자. 때때로 활동을 멈추고 휴식을 취할 수 있는 지혜도 구하자. 우리는 우리의 신경을 쉬게 하고 육체에 에너지를 채우고 마음을 평온하게 하고, 무엇보다도 하나님과 함께 시간을 보내야 한다. 이렇게 균형을 잘 잡으면 어느 도랑에도 빠지지 않고 하나님이 주신 목표를 향해 시온의 대로를 당당히 걸어갈 수 있을 것이다.

다음은 안나 L. 콕힐(Anna L. Coghill, 1836~1907)이 쓴 〈어둔 밤 쉬 되리니〉(새찬송가 330장)이다.

어둔 밤 쉬 되리니 네 직분 지켜서
찬 이슬 맺힐 때에 일찍 일어나
해 돋는 아침부터 힘써서 일하라.
일할 수 없는 밤이 속히 오리라.

어둔 밤 쉬 되리니 네 직분 지켜서
일할 때 일하면서 놀지 말아라.
낮에는 수고하나 쉴 때도 오겠네.

일할 수 없는 밤이 속히 오리라.

어둔 밤 쉬 되리니 네 직분 지켜서
지는 해 비낀 볕에 힘써 일하고
그 빛이 다하여서 어둡게 되어도
할 수만 있는 대로 힘써 일하라.

chapter 10

재물이 주는
희열과 든든함을 경계하라

"내가 두 가지 일을 주께 구하였사오니 내가 죽기 전에 내게 거절하지 마시옵소서 곧 헛된 것과 거짓말을 내게서 멀리 하옵시며 나를 가난하게도 마옵시고 부하게도 마옵시고 오직 필요한 양식으로 나를 먹이시옵소서 혹 내가 배불러서 하나님을 모른다 여호와가 누구냐 할까 하오며 혹 내가 가난하여 도둑질하고 내 하나님의 이름을 욕되게 할까 두려워함이니이다"(잠 30:7-9).

상상해보라. 교통을 마비시키기 위해 모든 고속도로의 표지판을 하룻밤 사이에 제거해버리면 어떻게 될까? 그 다음 날 아침에 교통사고로 죽는 사람들이 속출할 것이다. 위험한 곳을 알려주는 표지판이 사라졌으니 사상자가 무수히 발생할 것이다.

위험을 알려주는 표지판이 있으면 굳이 그 위험한 곳까지 갔다가 다시 유턴할 필요가 없다. 그런 표지판이 있는 도로에서는 굳이 신경을 곤두세우고 운전할 필요가 없는데 위험한 곳을 쉽게 인지할 수 있기 때문이다. 표지판을 잘 살피면 어느 정도 이완된 마음으로 편하게 운전을 해도 사고는 거의 일어나지 않는다. 그러나 표지판이 없거나 표지판에 신경 쓰지 않으면 사고가 급증할 것이다.

인생의 고속도로에 있는 표지판을 제거하거나 무시하면 하나님의 백성에게 위험과 피해를 안겨주게 된다. 남들 앞에서 "나는 성경을 믿습니다"라고 공언하지만 자신의 즐거움을 위해 성경의 교훈을 무시하는 사람은 불신앙의 공공연한 천명보다 더 교묘하게 말씀을 거부하는 것이다. 사실, 이런 죄는 우리 모두가 쉽게 범할 수 있는 것이다. 나 자신도 예외는 아니다. 나는 그런 죄에 빠지지 않을 수 있는 지혜를 달라고 기도한다. 성경의 교훈을 무시할 의도가 없는 사람조차 그런 잘못을 범할 수 있다. 이런 잘못은 그리스도인이 가는 길에 놓여 있는 위험을 무시하는 것이다. 다시 말해서, 인생의 고속도로에 있는 표지판을 치워버리는 것이다.

번영이 가져오는 자기 합리화

인류의 역사, 국가의 역사 그리고 교회의 역사를 연구해보면 한 가지 사실이 드러난다. 일반적으로 말해서, 사람들은 다른 믿을 것이 없을 때 하나님을 의지하는 경향을 보인다. 우리 그리스도인은 현실을 정확히 꿰뚫어보아야 한다. 현실을 조작하거나 왜

곡하지 말고 현실을 있는 그대로 보아야 한다. 이스라엘 민족과 이방 나라들과 기독교와 각각의 교회들과 개인의 역사를 볼 때 우리는 인간이 하나님을 맨 나중에 의지한다고 결론 내리지 않을 수 없다. 다시 말하지만, 우리는 다른 믿을 것이 없을 때 하나님을 의지하는 경향을 보인다. 다른 믿을 것이 있을 때 우리는 하나님보다 그것을 향해 가면서 입술로는 "나는 하나님을 믿지 다른 것을 믿지 않는다"라고 말한다. 우리의 말은 그럴듯하지만 사실은 자기 합리화에 지나지 않는다.

하나님께서 이스라엘 민족에게 번영을 주셨을 때 그 번영은 그들에게 걸림돌이 되었다. 신명기 32장 17-20절을 읽어보자.

"그들은 하나님께 제사하지 아니하고 귀신들에게 하였으니 곧 그들이 알지 못하던 신들, 근래에 들어온 새로운 신들 너희의 조상들이 두려워하지 아니하던 것들이로다 너를 낳은 반석을 네가 상관하지 아니하고 너를 내신 하나님을 네가 잊었도다 그러므로 여호와께서 보시고 미워하셨으니 그 자녀가 그를 격노하게 한 까닭이로다 그가 말씀하시기를 내가 내 얼굴을 그들에게서 숨겨 그들의 종말이 어떠함을 보리니 그들은 심히 패역한 세대요 진실이 없는 자녀임이로다"(신 32:17-20).

여기서 '패역한'이라는 말은 수치를 모르고 뻔뻔하고 놋쇠처럼 목이 곧다는 것을 의미한다. 그렇다! 이스라엘 민족은 '진실함이 없는 자녀'였다. 그들은 근래에 들어온 새로운 신들을 합리화하기 위해 그럴듯한 말을 했을 것이다. 요즘 식으로 말하자면, 그런 합리화를 위해 잡지에 글을 쓰고 이런저런 위원회를 만들어 냈을 것이다. '새로운 것을 놓치면 다시는 기회가 없을 것이다'라는 논리를 내세우며 새로운 신들을 받아들였을 것이다.

신앙의 퇴보에 빠지게 되는 부자

그렇다면 신약시대에는 어떨까? 무슨 변화가 생겼을까? 대략 주전 1450년부터 대략 주후 50년까지의 기간 동안 인류가 변했을까? 그동안 그리스도께서 오시어 십자가에서 돌아가시고 부활하사 다시 하늘의 아버지께 올라가시고 성령을 보내시고 교회가 세워졌다. 그런 엄청난 일이 있었기 때문에 사람들이 변했을 것이라고 생각하기 쉽지만 사실은 결코 그렇지 않다! 사도 요한이 예수님께 받아서 라오디게아교회에 써 보낸 말씀을 읽어보자.

"라오디게아교회의 사자에게 편지하라 아멘이시요 충성되고 참된 증인이시요 하나님의 창조의 근본이신 이가 이르시되 내가 네 행위를 아노니 네가 차지도 아니하고 뜨겁지도 아니하도다 네가 차든지 뜨겁든지 하기를 원하노라 네가 이같이 미지근하여 뜨겁지도 아니하고 차지도 아니하니 내 입에서 너를 토하여 버리리라 네가 말하기를 나는 부자라 부요하여 부족한 것이 없다 하나 네 곤고한 것과 가련한 것과 가난한 것과 눈 먼 것과 벌거벗은 것을 알지 못하는도다 내가 너를 권하노니 내게서 불로 연단한 금을 사서 부요하게 하고 흰 옷을 사서 입어 벌거벗은 수치를 보이지 않게 하고 안약을 사서 눈에 발라 보게 하라"(계 3:14-18).

당신은 그리스도의 이 말씀이 가혹하다고 생각하는가? 그렇다면 "무릇 내가 사랑하는 자를 책망하여 징계하노니 그러므로 네가 열심을 내라 회개하라 볼지어다 내가 문 밖에 서서 두드리노니"(계 3:19,20)라는 그분의 말씀을 기억하라. 오늘날 교회는 라오디게아교회와 똑같다. 말세의 부자 교회는 재정적으로 넉넉해지고 멋진 교회 건물을 짓지만 구주께서는 밖에 서서 안으로 들어오려고 애를 쓰신다.

누가복음에는 어떤 어리석은 부자에게 하나님께서 하신 말씀이 기록되어 있다.

"(한 부자가) 또 이르되 내가 이렇게 하리라 내 곳간을 헐고 더 크게 짓고 내 모든 곡식과 물건을 거기 쌓아두리라 또 내가 내 영혼에게 이르되 영혼아 여러 해 쓸 물건을 많이 쌓아 두었으니 평안히 쉬고 먹고 마시고 즐거워하자 하리라 하되 하나님은 이르시되 어리석은 자여 오늘 밤에 네 영혼을 도로 찾으리니 그러면 네 준비한 것이 누구의 것이 되겠느냐 하셨으니"(눅 12:18-20).

성경의 교훈에 따르면, 아무리 정당하게 얻은 재물이라 할지라도 재물에는 위험이 따른다.

물질이 주는 악순환에 빠지지 말라

감리교협회가 세워지고 전 세계로 퍼져나가 감리교교회가 수적으로 증가했을 때 존 웨슬리는 다음과 같이 말했다.

"우리 감리교협회는 묘한 역설(逆說)에 빠진다. 어떤 무리의 사람들이 모여서 협회를 만들고 신약의 교훈에 따라 살게 되면 즉시 정직하고 검소하고 근면해지기 때문에 헌금을 많이 낸다. 그런데 그렇게 해서 협회의 수입이 많아지면 그들은 곧 돈을 의지하게 된다. 돈을 의지하게 되면 즉시 영성과 검소함과 근면과 정직과 선함을 잃어버리고 신앙의 퇴보에 빠진다. 이것은 일종의 악순환이다. 다시 말하지만, 하나님과의 관계를 바로 세우면 검소하고 절약하고 정직하고 근면하고 진실해지기 때문에 부자가 되지만, 부자가 되면 신앙의 퇴보에 빠진다. 이것은 일종의 악순환이다. 그렇다면 어떻게 해야 하는가?"

존 웨슬리는 악순환에 빠지지 않았는데 그의 지혜를 들어보자. "나는 해결 방법을 찾았다. 정직하고 경건하고 근면하고 검소하라. 그렇게 해서 최대한 많이 모아라. 그런 다음 그것을 전부 다른 사람이나 단체에 기부하라. 그러면 신앙이 퇴보하지 않을 것이다. 최대한 많이 벌어라. 최대한 많이 저축하라. 그리고 최대한 많이 베풀어라."

웨슬리는 자기 말대로 실천했다. 그의 평생 동안 잉글랜드 사람들은 그의 집회에서 많은 헌금을 했을 것이다. 적어도 보통 사람들은 그렇게 했을 것이다. 그러나 그가 죽었을 때 남긴 돈은 당시 영국 화폐로 28파운드였다. 달러로 환산하면 130달러 정도였다. 83년을 이 땅에서 살다간 그가 남긴 것이 고작 130달러였다. 그는 유언장을 작성할 필요가 없었다. 130달러는 장례비로도 부족한 금액이었다.

재물을 지혜롭게 사용할 줄 모르는 사람에게 많은 재물이 주어지면 매우 위험하다. 졸지에 부자가 된 젊은 남자만큼 오만하고 무분별한 사람도 찾기 힘들 것이다. 대도시에서 돈을 많이 버는 젊은 여자만큼 낭비하는 사람도 찾기 힘들 것이다. 물론 언제나 그런 것은 아니지만 아무튼 그럴 가능성이 매우 크다.

여러 해 동안 나는 젊은이들을 보아왔다. 고등학교와 대학교에 다닐 때 젊은 남자들은 열심히 살고 기도하고 하나님을 사랑하고 적은 돈으로 생활한다. 젊은 여자들 역시 어려운 형편에서도 절약하고 회사에서 연장 근무도 해서 가정경제에 도움을 준다. 이런 남자들과 여자들이 만나서 결혼을 한다. 신혼살림을 시작하고 좋은 직업을 얻고 그리스도인의 성실성과 지혜를 발휘하여 진급도 빠르게 한다.

그러다보면 가정의 소득이 쑥쑥 늘어나 더 좋은 집으로 옮기고 더 큰 차를 사고 더 큰 텔레비전을 들여놓고 더 고급 물건을 구입한다. 그리고 성가대와 기도회와 예배에 빠지는 횟수가 점점 늘어난다. 휴일에는 긴 여행을 떠나는데 그때마다 여행의 기간이 점점 길어진다. 결국 그들은 신앙적으로 퇴보한다. 이런 경우들에서 볼 수 있듯이 번영은 그리스도인에게 위기이다.

번영의 덫에 걸리지 않는 법

번영에 위험이 도사리고 있다면 우리는 어떻게 해야 하는가? 그 위험을 피하기 위해 그리스도인은 전부 가난하게 살아야 하는가? 모든 그리스도인이 가난하다면 해외에 나가 있는 선교사들은 누가 후원하는가? 기독교 출판협회는 누가 후원하는가? 전도용 책자들은 무슨 돈으로 구입하는가? 기독교 학교들은 어떻게 운영하는가? 기독교 방송들에 누가 기부금을 보내는가?

하나님의 백성이 모두 가난한 것은 그분의 뜻이 아니다. 그분의 백성이 번영을 누리면서도 번영의 덫에 걸리지 않는 것이 그분의 뜻이다! 번영을 잘 관리해나갈 수 있는 방법을 세 가지 소개하겠다.

첫째, 경건한 마음으로 하나님께 감사하라. 월급이 오르거나 수입이 늘어나면 반드시 하나님께 감사하라. 그런 물질의 복이 모든 선한 선물의 근원이신 '빛의 아버지'께로부터 왔다는 것을 인정하라.

둘째, 나누고 베푸는 삶을 실천하라. 이런 삶을 실천하지 않으면 당신의 영혼이 녹슬고 부식할 것이다. 하나님께 기쁨을 드리고 당신의 양심이 편해지려면 너그럽게 베풀어야 한다. 그렇지 않으면 수입은 늘어나지만 영혼은 쪼그라들 것이다.

셋째, 조심스럽게 행하라. 수입이 늘어날 때는 하나님께 감사하고 너그럽게 베풀어야 할 뿐만 아니라 조심성을 발휘해야 한다. 주님은 "너희는 스스로 조심하라 그렇지 않으면 방탕함과 술 취함과 생활의 염려로 마음이 둔하여지고 뜻밖에 그날이 덫과 같이 너희에게 임하리라"(눅 21:34)라고 경고하셨다.

주님의 이 말씀은 번영의 때에 닥칠 수 있는 위험에 대한 경고이다. '방탕함'은 과식에, '술 취함'은 음주와 연관된다. '생활의 염려'는 수입이 적을수록 근심이 적어지고 수입이 늘어날수록 근심이 많아진다는 것을 의미한다. 방탕함과 술 취함과 생활의 염려에 사로잡혀 있는 사람에게는 그리스도의 날이 덫과 같이 임할 것이다. 이 말씀에 이어서 주님은 "이 날은 온 지구상에 거하는 모든 사람에게 임하리라 이러므로 너희는 장차 올 이 모든 일을 능히 피하고 인자 앞에 서도록 항상 기도하며 깨어 있으라 하시니라"(눅 21:35)라고 말씀하셨다.

주님의 말씀은 방탕함과 술 취함과 생활의 염려로 이어질 수 있는 번영에 취하여 주님의 날에 대비하지 못하는 잘못을 범하지 말라는 절박한 경고이다. 그분의 경고를 무시하는 사람에게는 그분의 날이 마치 불쌍한 동물을 꼼짝 못하게 하는 덫처럼 임할 것이다. 그렇게 되면 안 되기 때문에 우리는 번영의 위험을 피하고 인자(人子) 앞에 설 수 있도록 깨어 기도해야 한다.

역경의 위험에서 벗어나라

이해하기 좀 힘든 일이지만, 번영뿐만 아니라 역경도 위험이 될 수 있다. 잠언 말씀을 읽어보자.

"나를 가난하게도 마옵시고 부하게도 마옵시고 오직 필요한 양식으로 나를 먹이시옵소서 혹 내가 배불러서 하나님을 모른다 여호와가 누구냐 할까 하오며 혹 내가 가난하여 도둑질하고 내 하나님의 이름을 욕되게 할까 두려워함이니이다"(잠 30:8).

구약성경의 이 짧은 구절은 실제적 지혜를 주는 귀한 말씀이다. 역경이란 것은 재정적으로 궁핍해지거나 육체적 질병에 시달리는 것을 의미한다.

금전적 곤경은 번영과 정반대되는 것이지만 우리를 위험에 빠뜨릴 수 있다. 특히, 번영 다음에 찾아오는 재정적 역경은 더욱 그렇다. 어떤 사람들은 늘 돈이 전혀 없거나 거의 없기 때문에 재정적으로 특별히 더 나빠질 것도 없다. 이런 사람들에게는 역경이 상대적으로 덜 위험하다. 하지만 번영을 누리다가 상황이 나빠진 사람들에게는 금전적 궁핍이 더욱 위험한데 번영이 그를 유약하게 만들었기 때문이다. 오늘날은 이전 세대보다 더욱더 유약하다.

사무엘 존슨(Samuel Johnson, 1709~1784. 영국의 시인 및 비평가)은 "가난해지지 않도록 노력하라. 최대한 절약하며 살라. 가난은 인간의 행복을 해치고 자유를 파괴하는 적(敵)이다. 가난 때문에 어떤 미덕들은 실행에 옮길 수 없게 되고 또 어떤 미덕들은 사실상 불가능해진다"라고 말했다. 너무 가난하면 우리는 낙심하고 병들고 약해지고 일찍 늙어버린다. 번영을 누리다가 갑자기 몰락한 사람은 분노를 폭발시키기 쉬운데 유약해져 있기 때문이다. 너무 잘 나가면 사람은 유약해지는 법이다.

묘한 사실이 있는데 그것은 사람들이 육체적 질병에 두 가지 상반된 반응을 보인다는 것이다. 어떤 이들은 육체적 질병을 은혜의 통로로 간주한다. 다윗은 "고난당하기 전에는 내가 그릇 행하였더니 이제는 주의 말씀을 지키나이다"(시 119:67)라고 고백했다. 병에 걸렸을 때 다윗은 자신의 병에 대해 깊이 생각해보고 기도하며 하나님을 기다렸다. 그는 육체적 역경을 은혜의 통로로 사용한 것이다. 그러나 모든 이들이 다윗처럼 반응하는 것은 아니다. 어떤 이들은 육체적 고난 앞에서 백기(白旗)를 들고 만다.

신체의 질병을 선하게 이용하는 방법을 아는 사람들이 있는데 그 중 한 사람이 다윗이다. "고난당하기 전에는 내가 그릇 행하였더니 이제는 주의 말씀을 지키나이다"라는 그의 말을 기억하라. 재정적 역경이든 신체적 고난이든 우리에게 위험이 될 수 있지만 우리는 "네가 만일 환난 날에 낙담하면 네 힘이 미약함을 보임이니라"(잠 24:10)라는 말씀에서 힘을 얻어야 한다. 이 말씀이 어떤 것을 약속하지 않고 다소 냉정하게 말하지만 내게는 힘이 된다.

번영과 역경의 사자를 피하는 방법

너무 많은 것을 가졌을 때 파고드는 위험도 있고, 경제적 몰락이나 육체적 질병이나 죽음이 갑자기 닥쳤을 때 오는 위험도 있다. 극과 극은 서로 통한다는 말이 있다. 동전에는 앞면도 있고 뒷면도 있다. 너무 잘 나가는 경우든 너무 꽉 막혀 있는 경우든 위험은 언제나 존재한다.

양극단에 위치한 두 위험에 대항하기 위해서 우리에게는 반석, 피난처, 은신처, 요새, 그리고 방패가 필요하다. 사자처럼 우리를 찢어버릴 수 있는 두 위험에서 벗어나려면 도움이 있어야 한다. 번영은 살찐 사자요, 역경은 굶주려 야윈 사자이다. 살이 쪘든 야위었든 사자는 사자이다. 두 사자 모두 위험하다. 지금부터 위험한 사자를 피할 수 있는 네 가지 지혜를 살펴보자.

1. 세상의 물질에 완전히 초연하라

세상의 물질에 초연하지 못하면 당신이 긁어모으는 동전 한 닢도 당신의 영혼에 어두운 그림자를 드리울 것이다. 하지만 모든 것의 주인이 하나님이시라는 분명한 깨달음이 당신에게 있다면 재물이 늘어도 해를 당하지 않을 수 있는데 재물의 주인이 그분이시기 때문이다. 그렇다! 하나님이 재물을 주셨고 당신은 그분을 위해 재물을 잠시 가지고 있을 뿐이다.

아무것도 소유하지 않은 자는 복되다. 우리에게 아무것도 없다면 하나님이 풍성히 채워주실 것이기 때문이다. 우리에게 무엇이 있다면 그것 때문에 화를 당할 수도 있다. 그러므로 우리는 우리의 재물에 얽매이면 안 된다. 물질에 완전히 초연해야 한다. 월급이 오를 때 느낄 수 있는 희열을 경계하라. 돈이 더 많이 들어올 때 느낄 수 있는 설렘을 경계하라. 재물이 쌓일 때 맛볼 수 있는 든든함을 조심하라.

2. 세상 철학의 손아귀에서 벗어나라

진정한 그리스도인은 세상의 가치관을 버린 사람이다. 이웃 사람에게 기죽지 않으려고 허세를 부리는 옹졸함을 집어던진 사람이다. 유행하는 옷을 입지 않거나 최신 모델의 승용차를 몰지 못하거나 최신식의 으리으리한 집에 살지 못하기 때문에 창피하다고 느끼도록 만드는 것이 세상의 철학이다. 시대에 조금 뒤진 것을 부끄러워하는 사람은 세상의 영향에서 벗어나지 못한 것이다. 그러나 시대에 구애받지 않는 통이 큰 사람은 유행에 상관하지 않고 자기 신념대로 살아간다. 유행을 따르느냐 마느냐 하는 것이 그에게는 문제가 되지 않는다.

물론, 유행을 거부하는 것이 의(義)는 아니다. 유행을 따르는 것이 죄도 아니다. 유행을 따르느냐 마느냐 하는 문제에 신경 쓰지 않고 "나는 품위를 지키며 고상하게 살겠다. 중도를 지키며 내 소신대로 살겠다. 세상이 무엇이라고 말하든 상관하지 않는다"라고 당당히 말할 수 있는 사람이 멋있는 사람이다.

그러나 우리가 유치원에 다닐 때부터 세상은 지나치게 큰 옷을 입거나 자전거가 없는 것을 부끄럽게 여기도록 우리를 세뇌시킨다. 자전거가 있더라도 그것이 최고급이어야 하고 승용차가 있더라도 그것이 최고급이어야 한다고 세뇌시킨다. 세상은 무엇이든지 최고급이어야 한다는 편견을 우리에게 주입한다.

번영과 역경을 모두 초월하지 못하면 우리가 철저히 망가질 수 있다. 번영 때문에 이상하게 되는 사람도 많고 역경 때문에 우습게 되는 사람도 많다. 번영의 덫과 역경의 덫에 걸려들지 않으려면 어떻게 해야 할까? 세상의 철학을 깨뜨려버리고 그리스도인으로서 당당히 서서 하나님께 감사하라. 당신이 가진 것에 감사하고, 당신이 세상에 무릎 꿇지 않은 것에 대해 감사하라. 그러면 어떤 덫에도 걸려들지 않을 것이다.

예수님은 누군가의 손으로 만들어진 옷을 입으셨다. 아마 예수님은 경매장에서 1달러 50센트 이상에 팔린 것은 결코 소유하지 않으셨을 것이다. 그럼에도 불구하고 예수님은 영광의 주님이셨고 세상의 모든 부(富)가 그분께 속했다. 그분이 원하셨다면 돌을 금으로 바꾸실 수도 있었다. 나무에게 명하여 영양가 높은 떡으로 만드실 수도 있었다. 세상의 모든 재물이 바람을 타고 그분께 모일 수 있도록 만드실 수도 있었다. 하지만 그런 모든 것을 거부하고 그분은 조용히, 묵묵히 그분의 길을 가셨고 결국 옷 하나만을 남기셨다.

하나님께 재물을 받았다면 그분께 감사하라. 세상의 가치관에 사로잡히지 말고 하나님의 가치만을 붙들어라. 당신에게 하나님이 모든 것이 되신다면 그 밖의 모든 것이 당신에게 주어질지라도 해를 당하지 않을 것이다. 그러나 당신이 그분을 무시하면 그 어떤 것이라도 당신에게 해가 된다.

3. 당신이 순례자라는 것을 인정하라

당신은 이 땅에 영구적으로 사는 사람이 아니라 순례자일 뿐이다. 당신은 이 세상을 스쳐갈 뿐이다. 왜냐하면 그리스도인이기 때문이다. 우리는 우리의 마음이 머물만한 둥지를 이 땅에 짓지 않는다. 가슴에 점들이 박히고 동그란 두 눈 주위에 흰색 테가 있는 갈색 새가 있다. 이 새는 수풀이 있는 땅에 내려앉아 혼자서 여기저기를 긁는다. 그리고 매우 부드럽고 짧게 노래하는데 그토록 부드러운 노래는 당신이 평생 들어보지 못했을 것이다. 이것은 휘파람새라는 철새이다.

휘파람새가 하늘을 날며 지저귀는 소리는 북아메리카 대륙에서 들을 수 있는 가장 아름다운 소리들 중 하나이지만 유감스럽게도 시카고에는 휘파람새가 상주하지 않는다. 시카고에서 볼 수 있는 휘파람새는 이곳을 스쳐지나가는 철새일 뿐이다. 그렇기 때문에 시카고 사람들은 이 새의 노랫소리가 얼마나 아름다운지를 잠시 맛볼 수 있을 뿐이다. 이 새는 수줍음을 잘 타기 때문에 가까이 가기가 무척 힘들다. 하지만 인내심을 갖고 기다리면 이 새의 노랫소리를 들을 수 있다. 이 새는 새끼를 부화하고 기르기 위해 남쪽에서 북쪽으로 날아가는 중에 시카고를 스쳐 간다. 한 번 스쳐 가면 내년 가을에 당신의 창문을 긁어대는 이 새의 모습을 볼 때까지는 다시 볼 수 없다. 왜냐하면 철새이기 때문이다.

새에 비유할 때 하나님의 자녀들은 상주하는 텃새가 아니라 철새이다. 우리에게는 출발지와 종착지가 분명히 있다. 종착지는 물론 전능한 하나님이 계신 천국이다. 우리는 철새요 순례자이다. 이 세상은 우리의 고향이 아니다. 그러므로 재물이 주어질 때 우리는 감사하고 경건한 마음으로 지혜롭게 사용하고 베풀어야 한다. 그런데 그렇게 하려면 물질에 대한 사랑, 사람들의 평판, 그리고 우리의 돈과 옷과 집에 대한 집착에서 초연해야 한다.

우리는 순례자이다. 무한한 창공에서 철새의 비행을 인도하시는 분이 우리의 순례의 길도 인도해주실 것이다. 그분의 인도를 잘 받는 사람은 그분의 보좌에서 흘러나오는 생명수가 넘치는 땅에 도착할 것이다. 형제들이여, 그날은 기다릴 만한 가치가 있는 날이다.

존슨 오트만 2세(Johnson Oatman, Jr. 1856~1926)가 쓴 찬송가 〈저 높은 곳을 향하여〉(새찬송가 491장)를 읽어보자.

저 높은 곳을 향하여 날마다 나아갑니다.
내 뜻과 정성 모아서 날마다 기도합니다.

괴롬과 죄가 있는 곳 나 비록 여기 살아도
빛나고 높은 저 곳을 날마다 바라봅니다.

의심의 안개 걷히고 근심의 구름 없는 곳
기쁘고 참된 평화가 거기만 있사옵니다.

험하고 높은 이 길을 싸우며 나아갑니다.
다시금 기도하오니 내 주여 인도하소서.

내 주를 따라 올라가 저 높은 곳에 우뚝 서
영원한 복락 누리며 즐거운 노래 부르리

내 주여 내 맘 붙드사 그곳에 있게 하소서.
그곳은 빛과 사랑이 언제나 넘치옵니다.

chapter 11

할 일 미루는 자에게
결코 승리의 기회는 없다

"바울이 의와 절제와 장차 오는 심판을 강론하니 벨릭스가 두려워하여 대답하되 지금은 가라 내가 틈이 있으면 너를 부르리라 하고"(행 24:25).

만일 예수 그리스도께서 어떤 사람을 이 땅에서 선하게 만드실 수 없다면, 천국에서 그를 의롭다고 하실 수 없다. 만일 그분이 이 세상에서 나를 죄의 권세로부터 구하실 수 없다면 천국의 아버지 앞에서 나를 구하실 수 없다. 물론, 거듭나고 의롭다 함을 얻고 구원받은 자로서 나는 그분이 이 땅에서나 천국에서 모두 나를 구하실 수 있다고 믿는다. 그리스도는 그분을 믿는 사람들을 아버지 앞에서 의롭다 하시고, 죄를 회개한 사람들을 죄에서 구원하신다.

성경은 우리에게 의와 절제와 장차 오는 심판에 대해 가르친다. 이 땅에서 도덕적 변화를 이루기 위해 우리는 예수 그리스도를 믿는다. 그분이 구원받은 사람들에게 요구하시는 것이 있다는 사실에 주의를 기울이는 사람들은 일부에 불과하다. 어떤 이들은 이 사실을 무시하거나 거부하고 또 어떤 이들은 이 사실을 인정하고 그분 안에서 선한 삶을 산다. 어떤 이들은 교회에 출석하고 직장에 가서 복음을 증언한다. 그들은 주 예수 그리스도의 은혜와 그분을 아는 일에서 성장하는 모습을 보인다. 그러나 또 어떤 사람들은 구원이 좋은 것임을 인정하고 구원에 대해 더 듣기를 원하지만 개인적 결단을 기약 없이 미룬다.

진리에 따라 행동하기 전까지는 진리를 따르는 것이 아니다. 이것을 명심하라. 진리가 마음으로 믿어야 하는 것이라면 그것을 믿어야 한다. 진리가 순종해야 할 명령이라면 순종해야 한다. 믿지도 않고 순종하지도 않는다면 진리에 따르지 않는 것이고, 그리스도인이 되기를 끊임없이 미루는 것이다.

내일 결단하겠다는 사람들

내일로 미루는 것은 우리 삶의 일반적 경향이다. 이것은 인간이 사는 곳이라면 어디에서나 나타난다. "지금은 아니다. 내일 하라. 내일이 되면 다 잘될 것이다"라는 속삭임은 우리 속에서 항상 들린다.

이 속삭임을 따르면 성령의 감동은 계속 뒤로 밀려난다. 사람들은 성령의 감동을 부정하거나 거부하지는 않지만 그것에 따르기를 자꾸 미룬다. 좀 더 좋은 때를 기다린다는 핑계를 대면서 말이다. "내일이면, 내일이면, 내일이면 다 잘될 것이다"라고 스스로를 위로하면서 말이다. 그러나 하나님의 말씀에 순종하지 않으면 사실상 그분의 말씀을 거부하는 것이다. 성경이 진리임을 거부하는 신학교가 그분의 말씀을 거부하는 것처럼 말이다.

불신앙에는 두 종류가 있다. 하나는 "나는 믿지 않는다"라고 노골적으로 말하는 것이고, 다른 하나는 믿지 않지만 소심해서 그런 말조차 하지 못하는 것이다. 후자도 전자처럼 말씀에 순종하지 않기 때문에 결국 전자만큼 악한 것이다. 믿는다면 믿음에 따라 행동해야 한다. "이 방에 폭탄이 있다!"라는 누군가의 말을 믿는다면 방 밖으로 빠져나갈 것이다. 반대로 만일 그의 말을 믿지 않는다면 방 안에 그대로 있을 것이다. 내가 밤중에 "불이야!"라고 소리칠 때 내 이웃 사람이 내 말을 믿지 않는다면 그는 침대에서 뒤척거리며 "어느 술주정뱅이가 또 나타났구나"라며 중얼거릴 것이다.

중요한 것은 '믿느냐 믿지 않느냐' 하는 것이다. 만일 당신이 당신의 구원을 위해 아직 아무것도 하지 않았다면 구원의 믿음이 당신에게 없는 것이다. 이에 대한 이야기를 단지 이론이나 교리 차원에서 끝내는 것이 내 의도가 아니기 때문에 좀 더 구체적으로 얘기해보자.

영적 삶을 미루는 것은 비극의 씨앗이다

우리는 어떤 일에 대해 계속 생각만 하면서 "내일 하겠다"라고 말한다. 당신은 책을 구입했다. 그리고 그것을 읽겠다는 의도까지 있다. 하지만 아직 읽기를 시작하지 않았다. 그 책은 책꽂이에 있다. 당신이 꽂아둔 책꽂이 말이다. 그 책이 눈에 들어올 때마다 당신은 스스로에게 "저녁에 집에 돌아오면 읽겠다"라고 말한다. 그러나 저녁에 집에 돌아오면 당신은 정부 정책이나 사회가 어떻게 돌아가는지 궁금해서 뉴스를 보고, 뉴스에 이어지는 평론가들의 이런저런 분석까지 귀담아 듣는다.

그러다보면 저녁식사 시간이 되어 밥을 먹는다. 식사 후에는 재미있는 텔레비전 프로그램을 본다. 그 다음에 다른 프로그램을 또 본다. 그것이 끝나면 기지개를 켜고 하품을 하면서 "오늘도 고된 하루였지"라고 중얼거린다. 결국 책에는 손도 안 댄 채 침대로 간다. 그리고 속으로 '시간적 여유가 생기는 다음번 여름에 저 책을 꼭 읽겠다'라고 생각한다.

다음해 여름, 당신은 그 책을 여행가방에 넣고 긴 여행을 떠난다. 하지만 휴가지에서 그 책을 읽을 시간이 좀처럼 나지 않는다. 그런데 그 책이 성경책이라고 가정해보자. 성경책은 하나님께서 그분의 큰 구원 계획에 따라 기록하고 만들어 우리에게 주신 책이다. 그 성경은 무수한 사람들을 구원으로 이끌었지만 당신에게는 아직 도달하지 못한 것이다. 왜냐하면 하나님의 진리를 아는 일을 아직까지 연기하고 있기 때문이다.

우리 그리스도인들은 이렇게 말한다.

"이제까지 미루어온 것을 좀 시작해야겠어. 그리스도인으로서 매일 성경을 읽고 교회 생활을 철저히 해야지. 이런 것들을 내일부터 시작하겠어."

좋은 설교를 들을 때 당신은 '성경 읽기를 다시 시작해야겠다'라고 생각하지만 그 후 실행에 옮기지는 않는다. 대신 머리를 식히겠다고 텔레비전을 보거나 음악을 듣는다. 아니면 누군가 미리 요약해놓은 짧은 경건묵상의 글을 읽고 그것을 당신의 오늘의 영적 양식으로 삼는다. 그러면서 속으로 '이런 글은 잠깐의 유익만 있으므로 다음에는 성경을 읽겠다'라고 생각한다.

이런 식으로 몇 년의 세월이 흘러간다. 하지만 아직 당신은 성경을 처음부터 끝까지 읽은 적이 없다. 혹시 한 번은 그렇게 했다 할지라도 두 번은 하지 않았다. 그리스도인이 된 지 5년이 되었다면 누구나 성경을 최소한 2번 이상은 통독했어야 하고, 성경을 부분적으로는 여러 번 애독(愛讀)했어야 한다. 그렇게 하고 싶은 생각이 당신에게 있었겠지만 결국 그렇게 하지 못했다.

기도 생활을 미룰 때 영적으로 피폐해진다

또한 당신은 스스로에게 이렇게 말할 것이다.

"규칙적으로 기도를 해야겠다. 지금 나는 식사 전에 기도하고 두려운 일이 생기면 잠자리에 들기 전에 몇 마디 기도를 한다. 하지만 앞으로는 따로 시간을 내어 개인기도를 하겠다."

매일 혼자 시간을 내어 기도하는 습관을 들이지 않은 사람은 하나님나라 안에서의 삶으로 깊이 들어간 것이 아니다. 집에서 가족 기도회를 갖는다 할지라도 그것으로 충분하지 않다. 주일에 교회에서 기도한다 할지라도 역시 충분하지 않다. 예수님께서는 "너는 기도할 때에 네 골방에 들어가 문을 닫고 은밀한 중에 계신 네 아버지께 기도하라 은밀한 중에 보시는 네 아버지께서 갚으시리라"(마 6:6)라고 말씀하셨다. 이 말씀대로 행하지 않았다면 당신의 나약한 영적 생활은 적어도 부분적으로는 기도하지 않은 데에 기인한다. 우리는 날마다 기도하는 습관을 들여야 한다.

하루에 다섯 번 기도하는 사람이 있었다. 그는 "저녁과 아침과 정오에 내가 근심하여 탄식하리니 여호와께서 내 소리를 들으시리로다"(시 55:17)라고 말했다. 당신이 하루 중 언제 기도해야 한다고 못 박아 말하고 싶은 의도는 내게 없다. 하지만 다른 사람에게 기도 소리가 들리지 않는 장소를 정해 기도해야 한다고 말하고 싶다. 만일 우리의 기도 소리가 다른 사람에게 들린다면 우리는 그들을 의식해서 우리의 기도 내용을 수정하기 쉽다.

그리스 사람들은 "사람이 정직해질 수 있는 때가 있다면 그것은 신 앞에 나아갔을 때이다"라고 말했다. 이렇게 말한 그리스인들보다 우리 그리스도인들은 하나님 앞에서 더욱 정직해야 한다.

우리가 정직해져야 할 때가 있다면 그것은 하나님 앞에 혼자 섰을 때이다.

어떤 사람들은 매일 많이 기도하고 또 어떤 사람들은 매일 적게 기도한다. 아무튼, 매일 기도하는 습관이 당신에게 없다면 당신의 영적 생활은 피폐해질 것이다. 열매가 매우 적을 것이다. 하나님의 능력의 샘물을 충분히 마시기를 원한다면 기도 시간을 내야 한다. 기도 시간을 내는 것을 내일이나 모레나 글피로 미루지 말고 오늘 당장 시작하라.

지금은 안 된다는 핑계

기도회에 참석하지 않는 사람들이 선한 그리스도인들 중에서도 많다. 파티를 연다고 하면 사람들이 구름같이 모여든다. 하지만 기도회를 한다고 하면 소수만이 참석한다. 어떤 교회의 능력을 알려면 기도회 참석 인원을 세어보면 된다. 이것은 반론의 여지가 없는 사실이다.

어떤 사람은 "기도회에 참석해야 하지만 지금은 안 되고 다음 주에 가겠습니다"라고 말한다. 하지만 다음 주가 되어도 그는 기도회에 나타나지 않는다. 우리가 기도회에 참석하듯이 직장에 출근한다면 머지않아 해고될 것이다. 우리의 직장 출근을 막는 일은 아무것도 없다. 하지만 우리의 기도회 참석을 막는 것은 너무 많다. 우리는 온갖 핑계를 만들어내서 기도회에 참석하지 않는다.

사람들은 "다음 주에 참석하겠습니다"라고 말한다. 이렇게 말하는 모든 사람들이 자기의 말대로 행한다면 기도회 장소가 부족하여 더욱 큰 장소를 마련해야 할 것이다. 우리는 "다음 주, 다음 주, 다음 주"라고 말하지만 그런 다음 주는 오지 않는다. 그런 다음 주가 오지 않을 때 그 피해는 고스란히 우리에게 돌아온다.

어떤 사람들은 "지금까지는 애들을 공부시켜야 했고 경제 사정도 좋지 않았기 때문에 헌금을 제대로 드리지 못했습니다. 하지만 앞으로는 십일조를 드리고 또 그 밖의 다른 헌금도 드릴 것입니다. 내년부터 그렇게 할 것입니다"라고 말한다.

그러나 내년이 되어도 그들은 똑같다. 그들이 기억하는지 모르겠지만, 사실 그들은 이런 얘기를 이미 여러 해 전부터 해오고 있다. 또 어떤 이들은 국가에 낼 세금이 너무 많아서 하나님께 십일조를 드리지 못한다고 말한다. 그러나 과거에는 십일조가 더 무겁게 느껴졌던 때도 있었다. 그때 국가가 30퍼센트의 세금을 거두었지만 사람들은 국가에 한마디 항의도 하지 못했다.

우리가 "앞으로는 헌금을 드릴 것입니다"라고 말하면 그 다음에는 꼭 급한 일이 생긴다. 예를 들면, 아이들이 치열교정을 해야 하거나 가전제품이 고장 나 새로 사야 하는 일이 생긴다. 이런 식으로 나가다 보면 주님께 드릴 것은 하나도 남지 않게 된다. 장차 그리스도의 심판대 앞에 설 때 우리는 우리가 행해야 한다는 것을 알면서도 미루었던 일에 대해 그분께 자백하게 될 것이다.

말이 아닌 행동으로 승리의 삶을 살라

우리는 "예수님을 믿지 않는 처남에게 전도하겠습니다. 주님에 대해 사람들에게 증언하겠습니다"라고 말한다. 하지만 결국 그렇게 하지 않는다. 그들을 만나서 함께 식사하고 대화를 나누고 음악을 듣지만 주님에 대해 증언하지 않는다. 날마다 우리는 내일을 들먹이며 "내일은 친구에게 꼭 전도하겠다"라고 말하지만 그렇게 하지 않는다. 우리의 의무를 다하지 않기 때문에 하나님의 나라가 손해를 본다. 우리는 순종하지 않았고 여전히 구원을 얻지 못한 채 살아간다.

인생의 승리를 꿈꾸는 그리스도인이 참으로 많다. 승리의 삶에 대한 설교를 하면 사람들이 교회로 구름같이 몰려든다. 누구나 승리를 원하고, 누구나 능력을 원하고, 누구나 더 깊은 삶을 원한다. 하지만 많은 사람들이 진정한 승리의 삶을 내일로 미룬다. 그리고 내일이 되면 또 다시 다음 주로 미룬다.

거룩해지기를 원하는가? 하나님을 섬기기를 원하는가? 그렇다면 하나님께 시간을 드려라. 은혜를 받고 거룩해지려면 시간이 필요하다. 성령님과 동행하려면 하나님께 시간을 드려야 한다. 깊은 신앙의 단계로 들어가려면 시간을 내어 하나님 앞으로 나아가라. 그렇게 하겠다는 마음만 지니고 있으면 안 된다. 이런 내 얘기를 듣는 사람들 중에는 "목사님의 말씀이 지당한 말씀이므로 내가 그렇게 하겠습니다"라고 말하지만 결국 그렇게 하지 않는 사람이 많다.

혹시 당신이 누군가와 말다툼을 했다면 그에게 화해의 편지를 써야 승리를 얻을 수 있다. 화해의 손을 내밀어야 할 때 그렇게 함으로써 놀라운 영적 열매를 거둔 사람들을 나는 보았다. 하지만 많은 이들은 "내일 그런 편지를 쓰겠습니다"라고 말할 뿐이다. "내일 가족 기도회를 시작하겠습니다"라고 말하거나 "바쁜 일이 끝나면 가족 기도회를 시작하겠습니다"라고 말하는 사람들이 많다. 그러나 바쁜 일이 끝나도 기도회는 시작되지 않는다. 기껏해야 저녁식사 식탁에서 감사기도를 할 뿐이다. "나는 저 원수와 화해하고 그에게 친절을 베풀겠습니다"라고 말한 사람은 자기의 말대로 실천해야 한다. 이 세상에는 비열함과 죄가 가득하다. 우리가 이 땅에 사는 목적들 중 하나는 사람들에게 친절을 베풀기 위함이다. 나는 당신에게 자비와 친절의 삶을 지금 시작하라고 권하는 바이다. 우리에게 내일이 있을지 없을지 아무도 모르기 때문이다.

다윗은 죽기 전에 하나님의 뜻에 따라 그의 세대의 사람들을 섬겼다. 우리의 세대를 위한 봉사의 사명을 다 감당하기 전에 죽을 수 있는 권리가 우리에게 없다. 우리는 이미 지나간 세대를 섬길 수 없다. 다음 세대를 섬길 수도 없다(물론, 간접적으로는 섬길 수 있을 것이다). 그러나 현재의 세대는 얼마든지 섬길 수 있다.

가족을 위한 섬김을 미루지 말라

한 어린 아들이 아버지에게 "아빠, 뒤뜰에 오두막을 세우려고 하는데 도와주세요"라고 말할 때마다 아버지는 피곤해서 "오늘 밤은 안 되겠다"라고 대답했다. 그 다음 날 밤에 아버지가 집에 왔을 때 아이는 "아빠, 오늘밤은 오두막 세우는 것을 도와주실거죠?"라고 물었다. 그는 "아들아, 며칠 안에 해주마"라고 대답했지만 결국 해주지 않았다.

그 후 얼마 지나서 아버지가 퇴근하여 집에 왔을 때 아이가 또 "아빠, 오늘밤은 오두막 세우는 것을 도와주실 거죠?"라고 물었다. 아버지는 "아들아, 오늘은 너무 피곤하구나. 내일 밤까지만 기다려주면 도와주마. 내일 새 목재도 사올께"라고 대답했고, 그 아이는 밝은 표정으로 자기 방으로 들어갔다. 그리고 새 목재로 오두막을 지을 수 있다는 설렘을 가슴에 안고 잠자리에 들었다.

그러나 그 다음 날 아침 10시쯤 이 사업가 아버지는 수화기 너머로 청천벽력 같은 소식을 들었다.

"선생님의 아들이 다쳐서 병원에 있으니 속히 병원으로 오십시오. 학교에 가던 중 트럭에 치였습니다."

병원에 도착한 그는 심하게 다친 아들을 보았다. 아이는 아버지를 알아보았지만 말을 하는 것이 힘들었다. 아버지가 허리를 굽혀 그의 귀를 아들에게 가까이 갖다 대었을 때 아들은 이렇게 말했다.

"아빠, 우리는 아직 오두막을 짓지 못했어요."

그 남자는 울부짖으며 말했다.

"오, 하나님! 하루 전으로 돌아갈 수 있다면 얼마나 좋을까요! 아니, 어제 저녁으로만 돌아갈 수 있다면 아무리 피곤해도 이 아이를 도와 오두막을 세울 것입니다. 계속 미루었던 제 자신이 너무나 밉습니다."

아마 남은 생애 동안 그는 아들의 부탁을 들어주지 못한 것을 미안해하며 살아갈지도 모른다. 다른 사람의 도움의 손길이나 배려를 기다리는 사람들이 있다. 그들은 도움을 달라고 계속 부탁하는 것은 아니지만 그래도 도움을 계속 기다린다. 그런 사람들을 도울 마음이 당신에게 있었지만 이제까지 실제로 도와주지는 않았다면 당신은 '미루는 삶'의 덫에 빠진 것이다.

신앙의 퇴보에 빠진 사람에게 주님은 "집으로 돌아오라!"라고 말씀하신다. 만일 당신이 주님께 돌아가기를 자꾸 미루고 있다면 탕자의 말을 기억하라. 탕자는 "내가 일어나 아버지께 가서"(눅 15:18)라고 말했지 "내가 '내일' 일어나 아버지께 가서"라고 말하지 않았다. 그는 "내가 일어나 아버지께 가리라"라고 말하고, 자기 말대로 아버지께 갔다. 우리의 결심을 유효한 것으로 만드는 유일한 방법은 그것을 실행에 옮기는 것이다.

하나님의 부르심에 즉각 순종하라

이런 상황을 상상해보자. 주님이 잃어버린 영혼에게 찾아오시어 죄 사함과 성결과 구원과 빛을 받아들이라고 말씀하신다. 죄인은 이렇게 말씀드린다.

"지금은 저를 내버려두십시오. 다음에, 좀 더 편한 시간에 오십시오. 내일은 내 악한 생활을 끝내겠습니다. 지금은 제가 하나님을 슬프게 하는 악을 행하지만 내일부터는 달라지겠습니다."

그러면 그가 내일은 자기의 말대로 행할까? 그렇지 않다!

"내일은 주님을 영접하겠습니다. 내일은 설교단 앞으로 나아가 교인들이 보는 앞에서 신앙을 고백하는 그리스도인이 되겠습니다"라고 말하지만 그는 그렇게 하지 않는다.

이 사람과 똑같은 사람들이 무수히 많다. "내일 구원을 받겠다"라고 말하다가 오늘 멸망하는 사람들이 너무 많다. 내가 볼 때, 이것은 무서운 일이다. 이런 무서운 일을 피하도록 경고하는 사건들이 하나님의 뜻에 의해 성경에 기록되어 있다. 도로의 위험한 곳을 알려주는 표지판처럼 이 사건들은 인생의 갈림길에서 사람들에게 "조심하시오. 여기서 많은 사람들이 죽었소"라고 말해준다.

이런 사건들 중 하나가 사도행전 24장에 기록된 벨릭스의 이야기이다. 그의 이야기는 인생의 갈림길에 이른 사람들에게 "절벽이 있으니 유턴하시오"라고 말해준다. 벨릭스는 유턴해야 할 곳에서 돌이키지 않았기 때문에 멸망했다. 지극히 중요한 결정을 미루었기 때문에 그는 잃어서는 안 되는 것을 잃었다.

만일 벨릭스가 직업을 잃었다면 다른 직업을 얻으면 되었다. 실제로 그는 바울을 만난 후 2년이 지났을 때 직업을 잃었다. 그가 아내 브리스길라를 잃었다면 재혼을 하면 되었을 것이고 건강을 잃었다면 다시 회복하면 되었다. 심지어 육신의 생명을 잃었다 할지라도 그것은 감당할 수 있는 것이었다. 어차피 모든 인간이 죽는다.

그러나 그는 인간이 결코 잃어서는 안 되는 것을 잃었다! 바로 영혼을 잃은 것이다! 우리는 영혼을 잃어버리면 안 된다. "내일, 내일"이라고 말하며 계속 미루면 영혼이라는 지극히 귀한 보물을 잃게 된다. 영혼은 우리가 절대 잃어서는 안 되는 것이다.

당신은 어떻게 할 것인가? 오늘 생명을 얻을 것인가? 아니면 내일 생명을 얻겠다고 미루다가 영원히 얻지 못할 것인가? 오늘 하나님과 올바른 관계를 만들 것인가? 아니면 내일로 미루다가 영원히 기회를 놓칠 것인가? 오늘 성령을 구하여 성령충만을 받을 것인가? 아니면 내일로 미루다가 영영 기회를 놓칠 것인가? 오늘 그리스도인으로서 승리의 삶을 살 것인가? 아니면 "내일이나 다음 주에 목사님을 찾아가 승리의 삶에 대해 조언을 구하겠다"라고 말하면서 미룰 것인가? 미루는 자에게는 다시 기회가 없을 것이다.

다음은 윌 L. 톰슨(Will L. Thompson, 1847~1909)의 〈예수가 우리를 부르는 소리〉(새 찬송가 528장)이다.

예수가 우리를 부르는 소리 그 음성 부드러워
문 앞에 나와서 사면을 보며 우리를 기다리네.

간절히 오라고 부르실 때에 우리는 지체하랴.
주님의 은혜를 왜 아니 받고 못 들은 체 하려나.

세월이 살같이 빠르게 지나 쾌락이 끝이 나고
사망의 그늘이 너와 내 앞에 둘리며 가리우네.
우리를 위하여 예비해두신 영원한 집이 있어
죄 많은 세상을 떠나게 될 때 영접해주시겠네.

오라 오라 방황치 말고 오라.
죄 있는 자들아 이리로 오라.
주 예수 앞에 오라.

성경을 통해 하나님께 배운 사람들은 대중매체의 영향에서 벗어나 성경적인 사상으로 무장하게 된다. 우리를 만드신 하나님께서 그분의 말씀이 담긴 성경을 주시고 성령을 통해 우리에게 올바른 해석을 주신다. 성령의 해석을 받아들인 사람들은 하나님께 통제를 받는다.

PART 3
진짜 믿음으로 나아가라

chapter 12

우리의 마음을 조종하려는
세상의 소리를 거부하라

"그러므로 우리는 다른 이들과 같이 자지 말고 오직 깨어 정신을 차릴지라"(살전 5:6).

"만물의 마지막이 가까이 왔으니 그러므로 너희는 정신을 차리고 근신하여 기도하라"(벧전 4:7).

교회 안에 생긴 영적 무감각 때문에 교회는 원수의 간사한 공격에 매우 취약한 상태에 빠져버렸다. 우리가 세상과 세상의 영향에 무릎 꿇지 않기 위해서는 원수 마귀의 공격과 함정에 대해 잘 알아야 한다. 그리고 세상의 선전(宣傳)의 덫에 걸리지 않도록 조심하면서 우리의 영혼을 위해 싸워야 한다.

우리의 원수 마귀는 사람들을 노예로 만드는 것이 얼마나 강력한 힘을 발휘하는지를 잘 알고 있다. 노예 상태에는 두 가지 종류가 있다. 하나는 몸을 노예로 만드는 것인데 이것은 물리적 힘을 사용하여 사람들의 행동을 통제하는 것이다. 또 다른 하나는 마음의 노예화인데 내가 보기에는 이것이 더 나쁘다.

마음의 노예화는 마음속에 은밀히 파고드는 교묘한 사상을 통해 마음을 노예로 만드는 것이다. 교묘한 사상에 한 번 사로잡히면 우리는 자발적으로 그 사상에 순종한다. 그러면서도 우리가 원수의 선전에 노예가 되었다는 것을 알지 못한다. 오히려 그 사상에 만족하기 때문에 원수의 선전의 덫에서 빠져나오겠다는 생각조차 하지 못한다.

어떤 사람의 손목과 발목에 쇠사슬을 묶으면 그는 즉시 알아챈다. 그 사람의 얼굴을 들여다보면 그의 반감을 읽을 수 있는데 자유를 갈망하는 인간의 본능이 노예 상태를 거부하기 때문이다. 그러나 어떤 사람의 마음을 노예로 만들어도 그는 잘 알지 못한다. 해로운 사상이 선전을 통해 우리에게 빈번히 제시될 때 우리는 그것을 받아들이고 믿는다. 그리고 한 걸음 더 나아가 그 사상에 따라서 살아간다. 그것이 얼마나 잘못된 것인지 모른 채 말이다. 그러나 사실은 영리하고 비양심적인 자가 우리를 통제하고 있는 것이다!

대중매체의 위험성

가장 악랄한 전쟁은 역사책에 기록되어 있지 않다. 역사책에 기록된 전쟁들은 몸과 몸이 싸운 전쟁이요, 총과 총이 싸운 전쟁이요, 칼과 칼이 싸운 전쟁이요, 대대(大隊)와 대대가 싸운 전쟁이다. 가장 악랄한 전쟁은 오늘날 진행 중이다. 이 전쟁을 일으키는 것은 우리가 스스로 사고하지 못하도록 만드는 다양한 형태의 문화이다.

예를 들면, 대중매체 같은 것이다. 이 전쟁은 딱딱한 뉴스에서부터 연예오락에 이르기까지 다양한 형식으로 우리의 안방에 매일 침투하는 대중매체를 통해 일어난다. 혼자 조용히 시간을 내어 자신을 냉정히 살펴보라. 그러면 대중매체가 당신의 마음에 침투하여 당신을 노예로 만들었다는 사실을 알고 큰 충격을 받을 것이며, 다시 자유를 얻기 위해 며칠 금식기도를 하게 될 것이다.

우리를 노예로 만드는 또 다른 문화는 학교 제도이다. 물론 학교는 유용한 것이므로 사회에 반드시 있어야 한다. 하지만 현재 우리의 교육은 자라나는 세대의 사고를 통제하는 교육이다.

우리의 마음을 노예 상태에 묶어두는 또 다른 문화는 라디오, 텔레비전, 영화, 잡지, 그리고 책을 통해 퍼져나가는 세상의 사상들이다. 대중매체를 장악한 자가 현대인들의 사상과 사고를 움직인다.

대중의 생각을 조종하기 위해 인간이 만들어낸 가장 강력한 무기들 중 하나는 바로 광고이다. 광고업자들은 세상에서 가장 영향력 있는 교육자라고 말할 수 있다. 그들은 많은 비용을 들이고 정교한 계획을 세워서 만들어낸 방법들을 통해 우리의 사고를 움직인다. 그들이 그렇게 하는 이유는 인생, 사랑, 돈, 즐거움, 결혼, 가치, 종교, 미래, 하나님, 그리고 하나님과 우리의 관계 같은 주제에 대해 모든 사람들이 동일하게 사고하도록 만들기 위함이다. 그들은 모든 사람이 모든 것에 대해 동일하게 사고하기를 원한다.

세상 철학의 영향력을 조심하라

소수의 직업적 철학자만 철학자가 아니다. 직업적 철학자가 아닌 보통 사람들도 모두 철학자이다. 다시 말해서, 만인이 철학자이다. 칼이나 총을 가지고 다니다가 길거리에서 무고한 사람을 죽이거나 난도질하는 젊은이도 철학자이다. 그런 젊은이를 붙잡아 끝까지 캐물으면 그는 자기가 왜 그런 짓을 했는지를 실토할 것이다. 그가 그런 짓을 하도록 만든 이유가 그의 철학이다.

당신이 어떤 이유로 어떤 행동을 했다면 당신은 철학자이다. 그러므로 모든 사람은 철학자이다. 우리 모두에게는 나름대로의 인생철학이 있다. 우리는 우리의 철학에 따라 인생을 본다. 우리가 위대한 사상이 담긴 책을 써서 철학자로 자처하든, 아니면 "당신은 철학자입니다"라는 누군가의 말에 씩 웃으며 속으로 "저 사람 별 실없는 소리를 다 하네"라고 반응하든 간에 우리 모두는 철학자이다.

그렇다면 누가 우리의 철학을 조종하는가? 우리의 인생관에 결정적 영향을 끼치는 것은 누구인가? 이런 질문에 아마 당신은 "물론 내가 그렇게 한다!"라고 대답할 것이다. 만일 당신이 그렇게 대답한다면 나는 웃음밖에 나오지 않는다. 그것은 당신이 아니다. 당신이라고 착각할 뿐이다.

우리는 사랑에 대한 철학을 지니고 살아간다. 그런데 그 철학은 어디에서 오는가? 이성 간의 사랑이나 이웃 간의 사랑에 대한 우리의 개념은 텔레비전, 영화, 잡지, 그리고 온갖 종류의 광고를 통해 형성된다. 당신은 무엇이 사랑이고 무엇이 사랑이 아닌지를 알고 싶은가? 그렇다면 텔레비전을 켜라. 그 바보상자가 다 가르쳐줄 것이다.

돈의 철학은 어떠한가? 언론이나 학교 교육의 영향이 우리의 돈의 철학을 좌우한다. 정당한 즐거움이든 잘못된 즐거움이든 간에 즐거움에 대한 우리의 견해는 세상의 영향을 통해 형성된다. 세상은 강력한 영향력을 통해 우리의 사고를 조종하고 통제하는데 특히 하나님과 종교와 가치와 미래에 대한 철학에서 그렇게 한다.

돈에 대한 자신의 철학도 중요하지만 가장 중요한 것은 하나님에 대한 자신의 철학이다. 조나단 에드워즈(1703~1758. 미국의 신학자, 철학자 및 복음전도자)의 주도 하에 일어난 대각성운동 이래 지금만큼 미국에 종교가 많아진 적은 없다. 대각성운동 이후의 역사에서 지금이야말로 종교, 하나님, 인간의 가치, 내세, 그리고 하나님과 우리의 관계에 대한 우리의 생각을 조정하려는 사람들이 가장 많다.

불경건한 자들의 영향을 거부하지 않으면 우리는 그들에게 조종당하게 된다. 내가 이 글을 쓰는 이유도 우리가 그들의 영향에 저항하기 위함이다. 그들의 전략은 우리가 그들의 철학을 받아들이고 그 철학에 따라 살도록 만드는 것이다. 불경건한 자들의 지혜를 비판하는 성경은 그들의 지혜에 따라 살지 않는 사람이 복되다고 가르친다. 세상이 타락했기 때문에 세상에서 시작된 모든 것은 악하고 불경건하다는 것을 우리는 늘 명심해야 한다. 타락한 마음에서 나온 사상의 토대 위에 세워진 사회제도는 불경건한 것을 우리에게 강요한다.

하나님의 말씀으로 무장하라

경건한 자들이 불경건한 자들의 지혜를 거부하도록 가르치기 위해 성경이 주어졌다. 성경을 통해 하나님께 배운 사람들은 대중매체의 영향에서 벗어나 성경적인 사상으로 무장하게 된다. 우리를 만드신 하나님께서 그분의 말씀이 담긴 성경을 주시고 성령을 통해 우리에게 올바른 해석을 주신다. 성령의 해석을 받아들인 사람들은 하나님께 통제를 받는다. 사랑과 복의 원천이신 창조주 하나님께서 그들의 생각을 사로잡아 그들을 새 인간으로 만들어주신다. 그 하나님은 우리의 생각을 통제하기 원하시며, 주저 없이 "너희에게는 그리스도의 마음이 있어야 한다"라고 말씀하신다.

당신의 마음은 어떤 통제를 받아들인 것인가? 광고업자의 통제인가? 공립학교의 통제인가? 대중매체의 통제인가? 아니면 하나님의 통제인가? 원하든 원하지 않든 간에 당신은 통제를 받을 수밖에 없다. 문제는 누구의 통제를 받는가이다. "청년이 무엇으로 그의 행실을 깨끗하게 하리이까 주의 말씀만 지킬 따름이니이다"(시 119:9)라는 말씀을 기억하라.

무지한 우리가 어떻게 해야 지혜로워질 수 있을까? 물론, 하나님의 말씀이 가르쳐주는 지혜를 통해 가능하다. 잘못된 우리의 철학이 어떻게 해야 올바른 철학으로 바뀔 수 있을까? 하나님의 말씀이 가르쳐주는 지혜를 통해 가능하다. 내 어두움이 어떻게 해야 빛으로 바뀔 수 있을까? 우리의 발걸음에 빛을 비추어주는 성경을 통해서 가능하다. 사랑, 결혼, 생활, 돈, 즐거움, 가치, 하나님, 하나님과 우리사이의 관계, 내세, 그리고 내세에서의 내 운명에 대한 올바른 지혜를 얻으려면 성령께서 해석해주시는 성경 밖에 없다.

불경건한 자들의 지혜와 하나님의 지혜 사이에는 전쟁이 일어난다. 이 전쟁에서 어떤 것이 우리의 생각을 사로잡을까? 우리의 운명은 이 전쟁의 결과에 의해 좌우된다. 하나님의 지혜를 깨닫지 못하면 바벨론과 애굽의 철학에 사로잡히고 만다. 바벨론과 애굽의 철학에 포로가 된 사람은 세상의 사상을 선택하고, 세상의 사고방식대로 생각하고, 세상이 귀중히 여기는 것을 귀중히 여기고, 세상이 사랑하는 것을 사랑하고, 세상이 무시하는 것을 무시하게 된다.

사랑의 노예가 되어라

그리스도인에게는 세상의 마음과 다른 마음이 주어진다. 그것은 속량받고 재창조되어 그리스도께 헌신하는 마음이다. 내가 이런 말을 하니까 누군가 "그리스도께 헌신하는 것이 또 다른 노예 상태가 되는 것 아닙니까?"라고 물을지 모르겠다. 그렇다. 노예 상태이다. 하지만 이것은 사랑의 노예 상태이다. 그분을 예배하는 노예 상태이다. 최고의 기쁨으로 충만한 노예 상태이다. 이 세상에서 가장 즐거운 노예 상태이다.

사도 바울은 길거리에서 노예를 흔히 볼 수 있던 시대에 살았다. 그런 사도 바울이 "나는 예수 그리스도의 종이다"라고 말했다(롬 1:1). 신약성경에 나타난 '종'이라는 말 대신 '노예'라는 말을 집어넣어도 틀리지 않다. 바울은 자신이 그리스도의 노예라고 생각했기 때문이다. 그렇다고 바울이 자신을 아침 9시에 출근해 오후 5시에 퇴근하고 돈을 받는 의미의 종이라고 생각한 것은 아니다. 그런 종의 개념은 성경에 나오지 않는다.

바울은 자신이 전능한 하나님과 예수 그리스도의 노예라고 사람들에게 공개적으로 말했다. 그러나 바울에게는 자유가 있었다. 사랑은 노예 상태를 속박이라고 느끼지 않기 때문이다. 바울이 노예 상태라고 불렀던 '그리스도를 향한 순종'은 외부로부터 가해지는 속박이 아니었다. 다시 말해서, 율법이나 잘못된 사상 때문에 생기는 속박이 아니었다. 그의 노예 상태는 자유와 사랑에서 나오는 즐거운 노예 상태였다. 그런 노예 상태에 있는 존재가 바로 하늘의 천사들이다. 하나님의 보좌에 가장 가까이 있는 그들은 가장 거룩하고 자유로운 존재이다.

천사들은 머리를 숙이고 그들의 날개를 펴고 그분의 뜻을 행하기 위해 빨리 행한다. 그들의 생각은 하나님으로 가득 차 있고 그들의 의지는 그분의 의지로 가득 차 있다. 그들은 우주에서 가장 자유로운 피조물이다. 그러나 우리 인간은 그분의 뜻에서 벗어나 자유를 얻으려고 몸부림치지만 결국 선전(宣傳)을 통해 우리를 조종하려는 사람들에게 걸려들고 만다. 그들은 우리가 그들처럼 생각하고 그들처럼 느끼게 만들어 우리를 노예로 삼는다.

하늘을 나는 새는 자유롭지만 공기역학의 법칙에 지배를 받기 때문에 새의 자유는 한계가 있다. 측량할 수 없을 정도로 오래된 궤도를 따라 움직이는 별들은 자유로운데 하나님의 뜻에 따라 움직이기 때문이다. 하나님의 뜻을 행한다면 우리에게 얼마든지 자유가 있다. 하지만 하나님의 뜻에서 벗어나면 속박 상태로 떨어진다. 로마서에 의하면, 죄를 짓는 자는 죄의 노예이고 하나님의 뜻을 행하는 자는 그분의 자유로운 종이다(롬 6:16).

영적 무감각에서 벗어나라

이런 상황을 가정해보자. 교회에 가면 벌금을 물어야 하고, 벌금을 물면서도 계속 교회에 나가면 투옥된다는 법이 워싱턴에서 통과된다. 이런 상황이 벌어지면 우리는 분명히 일어나 이렇게 외칠 것이다.

"하나님의 도움에 의지하여 나는 그런 법을 무시할 것이다. 내가 원하는 때에 교회에 가서 기도할 것이다. 우리의 조상은 누구나 자신의 양심에 따라 하나님을 예배할 수 있다는 정신 아래에 이 나라를 세웠다."

하지만 이런 상황이 실제로 벌어지지는 않는다. 마귀는 너무 영리하기 때문에 이런 식으로 우리를 박해하지 않는다. 그가 바쁘게 하는 일은 조금씩, 조금씩 우리를 세뇌시키고 교회 안에 그의 사악한 사상을 주입하는 것이다. 그의 사상이 교회 안에 침투하면 하나님의 지혜가 교회에서 사라질 것이다. 그렇기 때문에 나는 영적 무감각에 빠진 교회를 깨우는 것을 내 사명으로 삼는다. 내 사명은 교회를 향해 이렇게 외치는 것이다.

"기독교를 박해하는 법이 워싱턴에서 통과되면 우리는 저항할 것이다. 하지만 현재 우리는 마귀의 세뇌와 선전에 전혀 저항하지 않고 있다."

우리는 소돔에서 살았던 롯과 그의 가족을 생각해볼 필요가 있다. 그들이 소돔으로 가서 살게 된 이유는 소돔에서 경제적 번영을 얻을 것 같았기 때문이다. 롯은 빠른 속도로 번영을 이루어 소돔에서 유력 인사가 되었다(이것은 그가 성문에 앉았다는 사실에서 잘 드러난다). 그의 가족은 소돔에서 유명한 사람들이 되었지만 소돔의 문화에 서서히 물들어갔다. 다시 말해서, 세뇌되었다.

하지만 롯은 저항했다. 소돔으로 이주하기 전에 그는 아브라함과 함께 많은 시간을 보냈다. 아브라함과 함께 앉았고 그와 함께 걸었고 그의 기도 소리를 들었다. 그렇기 때문에 그는 소돔의 세뇌를 완전히 받아들이지는 않았다. 롯의 고뇌에 대해 베드로후서는 "의인이 그들 중에 거하여 날마다 저 불법한 행실을 보고 들음으로 그 의로운 심령이 상함이라"(벧후 2:8)라고 말한다.

롯이라는 동일 인물에 대해 '의로운'이라는 단어와 '상함이라'라는 단어가 모두 사용된 것에 대해 하나님께 감사하자. 롯의 의로운 심령이 상했다! 그는 소돔의 일부였지만 소돔의 악을 미워했다. 소돔의 화려한 환경이 그를 유혹했지만 그는 아브라함의 기도 소리를 기억했다. 아브라함의 기도 소리가 여전히 그의 귓가에 울렸고 소돔의 쾌락의 유혹을 무력화시켰다. 하지만 그가 소돔에서 당장 뛰쳐나올 정도로 강하게 소돔에 저항한 것은 아니다. 경제적 이유로 그는 소돔을 미워하면서도 그곳에 계속 머물렀다.

그러나 롯의 가족은 롯처럼 소돔에 저항하지 못했다. 그들은 세뇌되어 소돔에 동화되어 버렸다. 소돔을 심판하기로 작정하신 전능한 하나님께서 하늘로부터 유황과 불을 비같이 내려서 소돔을 멸하실 때 롯은 두 딸과 함께 그곳을 빠져나왔지만 그의 아내는 그렇게 하지 못했다. 소돔의 문화에 완전히 세뇌된 그녀는 소돔을 못 잊어 뒤돌아보았다가 소금기둥이 되고 말았다. 소돔과 동일하게 심판을 받은 것이다. 롯의 두 딸은 아버지와 함께 소돔을 빠져나왔지만 이미 소돔의 문화에 물들어 있었다.

이스라엘 민족은 애굽에서 400년 동안 종살이했다. 애굽에 완전히 동화되지는 않았지만 그럼에도 불구하고 애굽의 종교에 세뇌되었다. 애굽에서 나올 때 그들 중에는 우상 숭배자가 많았다. 모세가 시내산에서 율법을 받아 그들의 잘못된 생각을 바로잡고 하나님의 말씀을 전해주었을 때 그들에게서 우상이 제거되었다.

이스라엘 민족이 약속의 땅으로 들어간 후 여러 나라가 그들에게 영향을 미쳤다. 이스라엘은 헷 족속이나 여부스 족속 같은 이방 족속을 약속의 땅에서 쫓아내지 않았기 때문에 그들에게 영향을 받았다. 그들은 주변 나라들의 악한 행위를 서서히 본받아 우상숭배에 빠졌다. 결국 우상숭배의 죗값으로 바벨론에 포로로 잡혀갔고, 바벨론 포로생활은 우상숭배를 끝냈다. 70년 동안의 포로 생활 이후에는 우상숭배를 하지 않았다.

마귀의 세뇌를 경계하라

교회가 정신 차리려면 어떻게 해야 할까? 다시 말해서, 자기의 목적을 이루기 위해 교회를 이용하려는 세상의 시도를 어떻게 하면 저지할 수 있을까? 바벨론 포로생활 같은 체험이 교회에 필요할까? 우리 신자들이 어느 강가에서 비통한 마음으로 앉아 수금을 버드나무에 걸어놓고 "우리가 이방 땅에서 어찌 여호와의 노래를 부를까"(시 137:4)라고 말해야 하는가? 우상이 제거되고 어린 양의 보혈로 씻긴 영혼의 고향으로 우리를 이끌기 위해 에스라와 느헤미야 같은 사람이 나타나야 하는 것일까?

사실, 우리 그리스도인들이 세상을 살릴 수 있는 유일한 방법은 세상의 세뇌를 거부하는 것이다. 세상의 방법을 받아들인 사람은 세상에 아무 도움을 줄 수 없다. 세상을 위해 선한 일을 하려면 세상의 방법에 저항해야 한다. 세상에 초연한 사람만이 선(善)을 행할 수 있다. 죄인을 도우려면 죄인의 방법과 반대되는 방법을 써야 한다.

인류를 도울 수 있는 방법은 딱 하나인데 그것은 인류에게 저항하는 것이다. 잘못된 길을 가는 인류를 돌이키려면, 하나님을 떠난 사람들을 살리려면 어떻게 해야 하는가? 형제와 형제 사이에, 남편과 아내 사이에, 부모와 자식 사이에 불화가 있어야 한다! 그렇기 때문에 예수님은 "무릇 내게 오는 자가 자기 부모와 처자와 형제와 자매와 더욱이 자기 목숨까지 미워하지 아니하면 능히 내 제자가 되지 못하고"(눅 14:26)라고 말씀하셨다.

우리는 세상의 세뇌 작업을 경계하기 위해 정신을 차리고 기도해야 한다. 불경건한 자들의 그럴듯한 논리에 속아 넘어가 서서히 악에 빠질 수 있으므로 조심하라. 잘못된 무리에 섞여 태평하게 지내는 것보다는 왕따를 당하더라도 옳은 편에 서는 것이 더 낫다. 옳은 일이라면 차라리 지나친 것이 모자라는 것보다 낫다. 세상이 당신에게 "당신은 너무 편협하군요"라고 말하면 당신은 당당하게 이렇게 대답하라.

"그럴지도 모르죠. 하지만 진리의 길은 16차선의 고속도로처럼 넓은 것이 아니라 좁은 것입니다. 당신은 내가 왜 편협한지 압니까? 하나님과 동행하기 때문입니다!"

세상과 구별된 그리스도인이 되어라

우리보다 앞서 순례의 길을 간 믿음의 조상들은 매우 편협했다. 그들이 자녀들에게 "안식일에 웃지 말라"라고 가르친 것은 편협한 것이었다. "안식일에 아내에게 키스를 하면 안 된다"라는 그들의 생각은 지나친 것이었다. 안식일에 텃밭의 양파를 캐서 먹거나 과일을 따서 먹으면 안 되고, 텃밭에 서서 태양을 바라보며 '추수 때가 되었구나!'라고 말해도 안 된다는 그들의 주장은 지나쳤다. 하지만 오늘날처럼 세상과 타협해서 교회를 어지럽게 하는 것보다는 차라리 그들처럼 지나친 것이 낫다.

세상 사람들의 눈에 극단적으로 보이는 것을 두려워하지 말라. 하나님께 헌신하기 위해 세상을 거부하는 사람이라는 소리를 듣는 것이 마땅하다. 세상이 "당신들 그리스도인은 왜 그렇게 유별난가?"라고 비난하는가? 심지어 다른 교회들이 "당신들만 거룩한가?"라고 비웃는가? 그렇다면 그들에게 이렇게 말하라.

"나는 더 거룩해져야 한다. 나는 하나님의 말씀대로 살려고 애쓸 뿐이다. 내가 지나치다면 이해해달라. 말씀대로 사는 일이라면 모자라는 것보다 지나친 것이 차라리 더 낫다."

내가 당신에게 권하는 유일한 멍에는 예수님의 복된 멍에이다. 예수님이 "내 멍에는 쉽고 내 짐은 가벼움이라"(마 11:30)라고 말씀하셨기 때문이다. 그분의 멍에는 선하고 바람직스럽고 권할 만한 모든 것을 향해 우리를 이끌고 가는 사랑의 멍에이다. 당신이 그분의 멍에를 메면 세상의 멍에는 결국 다 사라져버릴 것이다.

다음은 엘리자베스 C. 클리페인(Elizabeth C. Clephane, 1830~1869)이 쓴 찬송가 〈십자가 그늘 아래〉(새찬송가 415장)이다.

십자가 그늘 아래 나 쉬기 원하네.
저 햇볕 심히 뜨겁고 또 짐이 무거워
이 광야 같은 세상에 늘 방황할 때에
주 십자가의 그늘에 내 쉴 곳 찾았네.

내 눈을 밝히 떠서 저 십자가 볼 때
날 위해 고난당하신 주 예수 보인다.
그 형상 볼 때 내 맘에 큰 찔림 받아서
그 사랑 감당 못하여 눈물만 흘리네.

십자가 그늘에서 나 길이 살겠네.
나 사모하는 광채는 주 얼굴뿐이라.
이 세상 나를 버려도 나 두려움 없네.
내 한량없는 영광은 십자가뿐이라.

chapter 13

하나님을 진정으로
만나고 있는지 점검하라

"여호와께서 말씀하시되 오라 우리가 서로 변론하자 너희의 죄가 주홍 같을지라도 눈과 같이 희어질 것이요 진홍같이 붉을지라도 양털같이 희게 되리라 너희가 즐겨 순종하면 땅의 아름다운 소산을 먹을 것이요 너희가 거절하여 배반하면 칼에 삼켜지리라 여호와의 입의 말씀이니라"(사 1:18-20).

인간과 동물의 차이는 무엇인가? 인간은 성찰을 하지만 동물은 그렇지 못하다. 사실, 인간이든 동물이든 이 세상에 태어나면 비슷한 양(量)의 정보를 접하게 된다. 예를 들어보자. 새로 태어난 강아지나 송아지가 접하는 환경은 새로 태어난 인간이 접하는 환경과 거의 동일하다. 인간이든 동물이든 이 세상에 태어날 때 태양이 비추기도 하고 그렇지 않기도 하다. 더운 날일 수도 있고 추운 날일 수도 있다. 태어나 눕혀진 곳이 안락한 자리일 수도 있고 그렇지 않을 수도 있다. 엄마나 어미가 곁에 있을 수도 있고 그렇지 않을 수도 있다.

성경은 인간과 동물이 많은 점에서 비슷하다고 주저 없이 말한다. 하지만 그러면서도 성경은 인간과 동물 사이에 큰 심연이 존재한다고 말한다. 다시 말해서, 설명할 수 없는 간극(間隙)이 존재한다는 것이다. 인간과 동물의 차이점은 비교적 일찍 드러나는데 동물과 달리 인간은 '성찰'을 하기 때문이다.

인간은 세 살만 되어도 '걸어 다니는 물음표'라고 불릴 정도로 질문이 많아진다. 그것은 인간이 성찰하는 존재이기 때문이다. 하지만 방목지나 헛간에서 태어난 송아지는 본능에 따라 살아간다. 타고난 명(命)이 길어서 무척 오랫동안 산다 할지라도 죽을 때까지 본능에 의해 산다. 죽을 때까지 배우는 것이 거의 없다. 무엇인가를 조금 배운다 할지라도 그것은 성찰을 필요로 하지 않는 매우 저급한 것이다. 새로 태어난 인간은 조금만 지나면 여러 질문을 던지지만 동물은 그렇지 못하다.

자신의 영혼을 살피는 시간

인간과 동물의 차이는 천국과 지옥의 차이나 별과 지구의 차이만큼 크다. 그런 차이는 자신의 행위를 살필 수 있는 능력이 있느냐 아니면 없느냐 하는 것에 의해 결정된다. 그런데 불행한 일은 인간이 사물에 대해서는 성찰을 하지만 자신의 행위에 대해서는 성찰하지 않는다는 것이다. 대부분의 사람들이 그렇다. 그들은 인생의 어떤 시점에 이르면 더 이상 자신의 행위를 살피지 않는다. 나는 오늘날 성인 남자들이 자신의 영혼을 살피길 간절히 원한다. 그들이 좋아하는 스포츠 팀의 시즌 성적을 살피는 것만큼만 자신을 살피면 정말 좋겠다. 4시간 동안 진행되는 야구 경기의 스트라이크 아웃이나 도루 같은 관전 포인트에 관심을 쏟아붓듯이 자신의 영혼과 삶과 미래에 관심을 쏟아 붓는 사람들이 많아진다면 우리의 미래가 어떻게 바뀔까?

3살짜리 아이가 엄마에게 "엄마, 내가 어디에서 왔어요?"라고 묻는다. 엄마는 "하나님께로부터 왔지"라고 대답한다. 그러자 아이가 말한다.

"하나님이 계시면 저를 보실 수 있어요? 내가 문이나 창문이 없는 방 안에 있어도 그분이 나를 보실 수 있어요?"

3살짜리 아이가 던질 수 있는 이런 중요한 질문은 어른들이 오래전 까마득히 잊어버린 질문이다.

전국 규모의 야구 대회에서 어느 팀이 우승하는지는 중요한 근원적 문제가 아니다. 당신은 야구공이 투수의 섬세한 제구(制球)를 가능하게 할 정도로 매우 정밀하게 만들어졌다는 것에 대해 생각해본 적이 있는가? 투수가 타자를 삼진 아웃시키는 기술을 연마하느라 하나님과 천국과 자신의 영혼의 문제를 소홀히 했을지도 모른다는 것에 대해 생각해본 적이 있는가? 야구 경기의 규칙이 인간의 상상력에 의해 자의적(恣意的)으로 만들어진 것에 불과하다는 생각을 해본 적이 있는가?

세 번의 스트라이크가 아니라 네 번의 스트라이크에 의해 타자가 아웃된다고 정하면 어떨까? 세 번의 스트라이크에 의해 타자를 아웃시켜야 한다는 법칙이 이 우주 안에 존재하는가? 타자를 아웃시키기 위한 조건이 스트라이크 세 번이든 아니면 네 번이든 야구공의 입장에서 무슨 차이가 있을까? 시속 144~160킬로미터의 속도로 공간을 날아가는 공을 누군가 치면 3만 5천 명의 관중이 목소리가 쉬도록 함성을 지른다. 그런데 그 공이 어디에 떨어지느냐 하는 것이 중요한가? 그 공은 다람쥐 굴속으로 들어갈 수도 있다. 관중석의 어떤 구멍 속으로 들어가 영영 찾을 수 없을 수도 있다. 도로를 건너가 하수구에 빠질 수도 있다. 아니면 메이저 리그 선수가 잡을 수도 있다. 그런데 이런 것들이 그렇게 중요한가?

사람들은 "투수가 타자를 아웃시켰다!"라고 말하며 열광한다. 그런데 그것이 그렇게 중요한가? 우주 안에는 투수가 타자를 아웃시켜야 한다는 법칙도 없고 아웃시키지 말아야 한다는 법칙도 없다. 그럼에도 불구하고 대부분의 사람들은 이래도 되고 저래도 되는 것들에 목숨을 건다.

영원에 대한 진지한 고찰

하나님은 인간에게 지성(知性)이라는 놀라운 능력을 주셨다. 인간의 지성은 빛의 속도로 과거로 돌아가 역사를 생각해내 그것을 미래로 투영해보고 다시 현재로 돌아올 수 있다. 인간의 지성은 달과 별과 위성과 지구의 내부와 깊은 바다까지도 탐구한다. 하나님이 주신 지성은 인간에 의해 오랫동안 사용되었다.

이런 탁월한 지적 능력이 우리에게 있다는 것은 정말 놀라운 일이다. 그런데 이런 능력을 가진 우리에게 하나님께서는 "네 행위를 살펴라!"라고 말씀하신다. 머지않아 이 땅을 떠나게 될 인간에게 그분은 "오라 우리가 서로 변론하자!"라고 말씀하신다. 우리 인간은 머지않아 이 땅을 떠나게 된다. 이 땅에서의 짧은 시간은 영원이라는 긴 시간에 비하면 아무것도 아니다. 정말 비교 자체가 무의미해진다.

황제가 통치하던 고대 로마로 돌아가보자. 당시 20세에 죽은 사람도 있었고 30세에 죽은 사람도 있었고 90세에 죽은 사람도 있었다. 20세에 죽은 사람과 90세에 죽은 사람 사이에는 70년이라는 차이가 있었다. 하지만 누가 20세에 죽었고 또 누가 90세에 죽었느냐 하는 문제가 지금 중요한가? 70년이라는 세월이 5천 년에 비하며 의미가 있을까? 영원이라는 시간에 비하면 의미가 있을까?

영원이라는 긴 시간을 살아야 할 우리 인간에게 하나님은 "네 행위를 살펴라!"라고 말씀하신다. 우리가 살펴야 할 것은 어느 팀이 야구 경기에서 이겼느냐 하는 것이 아니다. 누가 골프 경기에서 퍼트(putt, 골프에서 홀 가까운 곳에서 공을 가볍게 치는 것)에 성공했는지가 아니다. 우리는 영원에 대해 생각해야 한다. 진정으로 중요한 것에 대해 생각해야 한다. 시간을 내어 반드시 생각해보아야 한다.

하늘에 계신 하나님은 공의와 지혜와 논리와 상식의 하나님이시다. 하나님은 성찰할 수 있는 능력을 우리 인간에게 주셨다. 나는 그분이 우리에게 성찰을 요구하신다고 믿는다. 시간마다, 날마다, 달마다, 해마다 인간이 중요하지 않은 문제를 가지고 씨름하면서 진정으로 중요한 것을 소홀히 한다면 하나님께서 그런 사람을 천국으로 데려가셔야 할 이유가 없다.

하나님은 천국으로 들어갈 수 있는 문을 만들어놓으셨다. 그 문을 숨기지 않으신다. 하늘에 떠 있는 별들도 그 문이 어디에 있는지 잘 안다. 하나님은 손을 펴서 우리를 부르며 "이 문으로 들어오라!"라고 말씀하신다. 하나님은 평생 우리에게 수많은 방법을 통해 초대하고 권면하고 촉구하신다. 그러나 인간이 그분의 부르심을 무시하고 천국의 문을 외면한다면 어떻게 될까? 진정으로 중요한 것은 생각하지 않고 중요하지 않은 것들에 신경 쓰면서 평생을 보낸 사람을 천국으로 데려가야 할 도덕적 의무가 그분께 있을까? 그런 도덕적 의무는 절대 없다!

교회에서 설교를 들은 사람이 설교를 자신의 삶에 적용할 생각은 하지 않고 금주의 설교를 지난주 설교와 비교해보는 것으로 끝낸다면 정말 큰 문제이다. 그런 사람은 자기의 영혼에 큰 해악을 끼치는 것이다. 인생에 허락된 시간이 점점 줄어들고 있는 상황에서 설교 평가나 하고 있는 것은 정말로 끔찍한 일이다. 최후의 심판이 점점 다가오고 있는데 이성 없는 동물처럼 무위도식(無爲徒食)하는 것은 정말 어처구니없는 일이다.

하나님께서 주신 이성적 능력을 그분과 스랍들과 그룹들에 대한 성찰에 사용하지 않고 별과 달을 연구하는 데만 사용하는 것은 돌이킬 수 없는 낭비이다. 그분께 귀한 능력들을 받았음에도 불구하고 우리의 영혼을 가지고 장난하고 자신을 속이고 영혼의 문제를 소홀히 하는 것은 영혼을 파멸의 구렁텅이에 던지는 일이다. 야고보는 "너희의 인생이 무엇이냐?"라는 중대한 질문을 던진다. 천하보다 소중한 당신의 영혼을 생각하라!

영혼은 하나님이 주신 선물이다

며칠 전에 나는 시골을 여행하다가 헤리퍼드종 수송아지를 보았다. 100마리 정도의 수송아지가 시장 판매를 위해 사육되고 있었는데 한 마리의 무게가 300킬로그램 정도로 추정되었다. 그 놈들은 정말 탐스럽고 보기 좋았지만 딱 한 가지가 없었다. 아무리 비천한 인간일지라도 가지고 있는 영혼이 그들에게는 없었다. 최고 혈통의 수송아지에게는 영혼이 없지만, 오늘밤 도심의 우범지대에서 인사불성이 되어 누워 있는 부랑자에게는 영혼이 있다. 부랑자에게는 하나님께서 주신 영혼이 있고 인생이 있고 생명이 있다. 끝도 한도 없이 영원히 지속되는 것이 부랑자에게 있다.

그렇다! 당신에게는 생명(인생)이 있다. 온 세상에서 가장 중요한 것이 당신에게 있다. 그것은 다른 모든 것에 의미를 부여하기 때문에 그토록 소중하다. 그것은 하나님께서 당신에게 빌려주신 것이다. 나는 하나님이 영혼을 어떻게 만드시는지 모르지만, 그분이 그것을 우리에게 빌려주셨다는 것은 안다. 아기가 새로 태어나면 세상에 항의라도 하듯이 울어 제치고 엄마는 아기를 따뜻한 가슴으로 안아준다. 아기가 어느 정도 자라서 사리를 판단할 줄 알게 되면 하나님은 그에게 이렇게 말씀하신다.

"오라 우리가 서로 변론하자 너희의 죄가 주홍 같을지라도 눈과 같이 희어질 것이요 진홍같이 붉을지라도 양털같이 희게 되리라"(사 1:18).

영혼이 없는 수송아지는 지옥에 떨어지는 일이 없을 것이다. 내게 영혼이 있기 때문에 지옥에 떨어져 천년 동안 고통을 당한다 할지라도 나는 내 영혼을 포기하지 않을 것이다. 내 안에 있는 내 영혼은 이 우주에서 가장 하나님을 닮은 것이다. 그런 영혼을 내가 포기할 수 없다. 지옥에서 천년 동안 고통당한다 할지라도 나는 "인간에게 영혼이 있는 것이 다행이다"라고 말할 것이다.

하나님께 영혼을 받았기 때문에 인간에게는 무한한 잠재력, 무수한 가능성이 있는 것이다.

깊이 생각하지 못하는 자들은 자신들에게 분비선(腺, gland) 말고 다른 것이 있다는 것을 알지 못한다. 하나님이 주신 분비선이 있기 때문에 우리의 생명이 유지되고 우리가 자유롭게 운동도 할 수 있다. 우리는 분비선을 부끄러워해서는 안 된다.

그런데 우리에게는 이런 선만 있는 것이 아니라 영혼도 있다. 자기에게 다른 것이 있다는 것을 알지 못하는 사람들이 너무 많다. 그들은 분비선과 신경(神經) 때문에 생명을 유지한다. 사람들의 분비선을 자극하는 기술을 발견해서 그들을 움직일 수 있는 자는 백만장자가 될 것이다. 그러나 분비선에 자극을 받아 행동하는 자들은 성적(性的) 관심이 지나치고 심약하게 되어 결국 실망에 빠지기 쉽다. 무엇보다도 자기의 머릿속에 뇌가 있다는 것을 망각하기 쉽다.

창조주의 의도를 파악하라

하나님께 받은 생명, 즉 영혼을 어떻게 사용하는가 하는 문제는 우리의 책임에 속한다. 하나님께서는 우리에게 우리의 영혼에 대해, 우리의 생명에 대해, 우리의 행위에 대해 깊이 살피라고 말씀하신다. 현재 우리의 영혼을 어떻게 사용하는지가 하나님의 책임에 속하지 않는다. 앞으로도 그분의 책임이 아니다. 왜냐하면 올바르게 사용할 수도 있고 잘못 사용할 수도 있는 무한한 가능성을 가진 영혼을 받은 자는 바로 우리이기 때문이다.

이런 상황을 가정해보자. 내가 10킬로그램의 고운 진흙을 토기장이에게 가지고 가서 그에게 꽃병을 만들어달라고 의뢰한다. 그럴 경우, 내가 책임질 부분은 그에게 내 의도에 대해 말해주는 것이 전부이다. 나는 그에게 꽃병의 높이와 크기를 어느 정도로 해야 할지를 말해줄 것이다. 나는 그것에 색을 칠하고 유약을 바르고 그것을 불에 굽고 다시 유약을 바르고 다시 불에 굽는 과정을 통해 꽃병이 만들어지기를 원한다. 나는 내가 원하는 꽃병의 조건에 대해 그에게 말해줄 것이다.

하지만 다시 토기장이를 찾은 내 눈 앞에 보이는 꽃병은 찌그러지고 울퉁불퉁하고 보기 흉한 모습이다. 그럴 경우 그 책임이 누구에게 있겠는가? 물론 내게는 책임이 없는데 나는 고운 진흙을 제공하면서 내 의도를 잘 설명했기 때문이다. 꽃병 제작을 의뢰한 내 의도를 따르지 않은 그 토기장이는 내 돈을 받을 자격이 전혀 없다.

영혼에 대한 책임은 우리에게 있다

하나님께서는 진흙보다 더 고운 것을 우리의 손에 맡겨두셨다. 그것은 물론 우리의 영혼이다. 하나님께 받은 영혼을 매우 잘 사용한 한 사람이 있는데, 그는 클레르보의 버나드(Bernard of

Clairvaux, 1090~1153. 수도원 개혁자, 신비가 및 신학자)이다. 그는 다음과 같은 찬송가를 남겼다.

구주를 생각만 해도
내 맘이 좋거든
주 얼굴 뵈올 때에야
얼마나 좋으랴.

하나님께서 클레르보의 버나드에게 주신 영혼은 나에게나 당신에게, 아니 무수한 범죄자들에게 주신 영혼과 전혀 다르지 않다. 하나님께서는 누구에게나 똑같은 영혼을 주셨다. 그러므로 모든 사람에게는 똑같은 영혼의 지적(知的) 능력이 있다. 그리고 성령의 도우심과 하나님의 말씀이 우리 앞에 있다. 이런 상황에서 우리의 영혼으로 아무것도 하지 않는다면 그 책임은 하나님께 있지 않고 우리에게 있다. 우리는 유전적 요인을 탓할 수 없다. 환경도 탓할 수 없다.

성경은 우리에게 이렇게 말한다.

"그때에 두 사람이 밭에 있으매 한 사람은 데려가고 한 사람은 버려둠을 당할 것이요 두 여자가 맷돌질을 하고 있으매 한 사람은 데려가고 한 사람은 버려둠을 당할 것이니라"(마 24:40,41).

이 말씀에 등장하는 두 사람은 나면서부터 한 방에서 잠을 잔

형제나 자매일 수 있다. 부모와 자식일 수도 있다. 하지만 이 두 사람의 영원한 운명은 완전히 달라진다. 우리의 영혼에 일어나는 일에 대해 유전이나 환경을 원망할 수 없다. 만일 당신이 당신의 영혼의 문제에 대해 부모나 부모의 양육 방식을 탓한다면 나는 당신을 동정할 수 없고 당신에게 메시지를 전하고 싶은 생각도 없다. 그러므로 다음과 같이 말하지 말라.

"나는 학교에 다녀야 했지만 좋은 옷이 없어서 열등감과 부끄러움을 느꼈다. 내 부모는 신앙이 있어서 나를 주일학교에 보냈지만 나는 구멍 난 신발 때문에 부끄러움을 느껴서 주일학교에 가기 싫었다. 가기 싫은 주일학교에 억지로 가다보니까 종교에 반감을 느꼈고 결국은 그리스도인이 되지 못했다."

이런 식의 이야기는 설득력 없는 변명에 지나지 않는다. 이런 변명은 구차하기 짝이 없다! 부모나 유전적 요인이나 환경을 탓하는 것은 부질없는 짓이다. 당신도 구차한 변명 뒤에 숨으려는가? 알약을 도피처로 삼으려는가? 분비선(腺, gland)의 활동을 왕성하게 해서 계속 버티려는가? 화려한 파티, 길게 이어지는 친구와의 전화 통화, 익살과 농담 같은 것들이 진정한 해결책이 될 수 있을까? 그렇지 않다! 그러므로 당신을 성찰하라. 당신의 행위를 깊이 살펴라.

좀 더 깊은 성찰로 나아가라

당신의 영혼을 적절히 사용하지 않으면 영혼의 능력은 결국 영원히 사라지게 된다. 도덕적 성찰을 할 수 있는 영혼의 능력은 시간이 갈수록 점점 약해지기 마련이다. 이 시대에 무슨 일이 일어나는지를 생각해보라. 도덕적 성찰의 능력을 말살하는 일이 심지어 교회 안에서도 일어나고 있다! 그리하여 지금 우리는 '깊이 생각하기'를 싫어한다. 깊이 생각하기를 싫어하는 우리는 기독교 저술가들에게 이렇게 졸라댄다.

"좀 더 재미있고 예화 많고 요약된 글을 써주시기 바랍니다. 세상 돌아가는 것에 딱 맞아떨어지는 메시지가 지금 우리에게 필요합니다."

지금 우리는 요점만 말하는 요약판(要約版) 글을 원하는데 그것은 읽기를 빨리 끝내고 다른 일로 넘어가고 싶어 하기 때문이다. 위대한 청교도들의 이야기가 담긴 《위클리프 시리즈》(the Wycliffe Series)는 서가(書架)에 들어박힌 채 먼지만 쌓여간다. 사람들이 이것을 구입하지 않는 이유는 심각한 내용의 책을 읽어나갈 수 있는 지적 능력을 기르지 않아서이다.

정신적인 것을 음식물에 비유해 얘기해보자. 단단한 음식을 못 먹는 사람들은 죽처럼 멀건 음식을 점안기(點眼器)를 통해 입 속에 한 방울 한 방울 넣어주어야 한다. 폭풍에 밀려 둥지 밖으로 떨어진 새끼 울새의 입 속으로 어미 새가 음식물을 넣어주듯이 말이다. 점안기 식사에 길들여진 그리스도인들은 영적 거인으로 성장하지 못하고 영적 약골이 되고 말았다!

당신의 성찰 능력이 얼마나 약해졌는지 한번 생각해보라. 세 살짜리 아이는 어른보다 더 많이 질문하고 사람은 50세의 사람보다 더 많이 질문한다. 나이를 먹을수록 당신의 도덕적 성찰 능력이 더욱 약해지고 당신의 편견이 더욱 심해진다는 문제에 대해 진지하게 생각해보라고 나는 권하고 싶다. 나이가 들수록 습관이 더욱 굳어지기 때문에 나중에 그 습관을 깨는 것이 더욱 힘들어진다.

하나님은 인내심을 가지고 기다리신다. 때로는 그분이 영원히 기다려주실 것처럼 보인다. 그러나 결국 언젠가 하나님은 "내가 받아들이겠다"라고 말씀하실 것이다. 이 말씀 속에는 다음과 같은 뜻이 들어 있다.

"너는 복음에 대해 많이 들었고 결국 네 선택을 했다. 네 마음이 완전히 정해졌다. '지금은 아닙니다. 오늘밤은 아닙니다. 지금은 내가 할 일이 너무 많습니다'라는 것이 네 최종 답변이다. 그러므로 이제 나는 더 이상 기다리지 않겠다."

하나님이 이렇게 말씀하시면 그 누구에게도 기회가 없다! 죽음, 심판, 천국, 그리고 지옥이라는 네 가지 종말적 사실을 생각하며 당신의 행위를 살펴보라. 생각하고 사색하고 성찰할 수 있는 지적 능력이 우리에게 있다. 동물들에게는 그런 능력이 없다. 그러나 당신에게 일정 기간 동안 영혼을 허락하신 하나님께서는 "지금 깊이 생각해보라. 그리고 내게 와서 나를 믿고 죄를 버려라"라고 말씀하신다. 하나님의 초대에 당신은 어떻게 결정하겠는가?

외적 행동 중심에서 벗어나기

우리의 신앙 가운데 얼마나 많은 것이 하나님께로부터 왔고, 얼마나 많은 것이 외적 행동에 불과한 것인가? 이 두 가지가 서로 어정쩡한 관계 속에서 그럭저럭 공존하고 있는 것인가? 아니면 이 두 가지가 서로 분리될 수 없을 정도로 완전히 융합해버린 것인가? 우리의 신앙 가운데 외적 행동에 불과한 것을 갑자기 제거해버린다면 영적인 것이 얼마나 남을까?

내가 볼 때, 우리는 행동을 중지하면 불안에 빠지는 것 같다. 그러나 끊임없는 행동이 없더라도 마음의 평안을 잃지 않을 정도로 나는 확실히 회심(回心)했다. 길거리 집회, 간증, 전도책자 나누어 주기, 성경 공부, 기도, 더 많은 집회 참석, 그리고 더 많은 기도 속으로 자신을 밀어 넣지 않아도 나는 불안하지 않았다. 끊임없는 외적 행동에 의존하지 않아도 내 신앙은 흔들리지 않았다.

그러나 지금 우리의 교회는 어떤가? 교회는 사람들에게 신앙적 안정감을 주기 위해 그들을 길거리 집회, 간증, 전도책자 나누어 주기, 성경 공부, 기도, 더 많은 집회 참석, 그리고 더 많은 기도 속으로 밀어 넣는다. 그러나 이런 외적 행동을 갑자기 제거해버린다면 많은 그리스도인들이 신앙적 공허감에 사로잡힐 것이다.

나는 젊은이들을 좋아하지만 사실, 그들이 걱정스럽다. 젊은이들이 최근에 자신의 영혼에 대해 생각해보았을까? 혹시 그들이 이런저런 교회 활동이나 친교 모임에 빠져 자신의 영혼을 돌아보는 시간을 놓치는 것은 아닌가? 잠깐 발걸음을 멈추고 위를 보라. 우리에게 말씀하시는 하나님의 음성을 들어라. 그리고 자신에게 다음과 같이 말하라.

"잠깐! 내가 진정 그리스도인인가? 내가 진정 하나님을 아는가? 나와 그분 사이의 관계가 올바른가? 중얼거리는 기도가 아니라 마음속에서 터져 나오는 기도를 드린 적이 언제인가? 아무도 모르는 곳에서 혼자 성경을 펴놓고 하나님을 찾은 적이 언제던가? 회개의 눈물과 기쁨의 눈물이 내 눈에서 흐른 때가 언제였던가? 단지 집회나 참석하고 피자를 먹으며 교제를 나누는 것만 내게 지금 남아 있지 않은가? 그런 것보다 더 깊은 것은 없는가? 내가 하나님을 만났는가?

하나님을 뜨겁게 만났는가?

당신 스스로 생각해보라. 이런 얘기를 당신에게 해주지 않는다면 나는 거짓 선지자가 될 것이다. 당신의 행위를 살피고, 우리 함께 변론해보자. 우리가 사랑하는 주님은 당신을 위해 놀라운 일을 이루기를 원하신다. 그 놀라운 일을 체험하면 당신은 그 누구에게도 속아 넘어가지 않을 것인데 그것이 변화와 향상과 진보를 이루어주기 때문이다.

나는 17세에 하나님을 만났다. 그로부터 1년 6개월 후에 나는 그분을 또 만났는데 두 번째 만남에서 강력한 성령세례와 성령충만을 받았다. 그러고 나서 나는 공부를 시작했다. 몇 년 동안 무신론과 철학적 불신앙에 대한 책들을 읽었는데 결국에는 머리가 너무 아팠다. 나는 그런 책들을 그만 읽고 하나님께 나아가 무릎을 꿇고 기쁨 가운데 고백했다.

"오, 하나님! 머리 좋은 무신론자들을 반박할 능력이 내게 없지만 내게 하나님이 계신 것을 감사합니다."

그런 책들의 주장에 반박할 능력이 없음을 뼈저리게 느낀 다음에 나는 무릎 꿇고 하나님을 예배했던 것이다. 만일 내가 하나님을 만나지 않은 사람이라면 그런 책들로 인해 영원한 파멸에 빠졌을 것이다.

당시에 유행했던 그런 책들은 무신론, 불신앙, 철학, 그리고 심리학으로 가득했고 기독교를 헐뜯었다. 하지만 그런 책들에도 불구하고 내가 신앙적으로 흔들리지 않았던 것은 예수 그리스도를 알았기 때문이다. 나는 그분을 만났고 그분을 알았다. 그분은 나 같이 미천한 자를 찾아와 동행해주신다. 그분의 임재의 영광 속에서 영원히 살게 될 것에 대해 나는 늘 감사한다.

당신도 나처럼 하나님을 만날 수 있다. 그분을 만난 사람은 세상의 어떤 책도 두려워할 필요가 없다. 반기독교적 사상을 전하는 교수를 두려워할 필요가 없다. 그런 사람 앞에 당당히 서서 그에게 말하라.

"당신의 질문에 내가 대답하지 못하지만 내게는 분명한 체험이 있습니다.

다음은 랠프 E. 허드슨(Ralph E. Hudson, 1843~1901)이 쓴 〈날 대속하신 예수께〉(새찬송가 321장)이다.

날 대속하신 예수께 내 생명 모두 드리니
늘 진실하게 하소서 내 구주 예수여.

날 구원하신 예수를 일평생 의지하오니
날 영접하여 주소서 내 구주 예수여.

주 십자가에 달리사 날 자유하게 했으니
내 몸과 맘을 주 위해 다 쓰게 하소서.

나 구주 위해 살리라 내 기쁨 한량없으리.
내 갈 길 인도 하소서 내 구주 예수여.

chapter **14**

능력의 기도 없이
영적 전투에서 승리할 수 없다

"시험에 들지 않게 깨어 기도하라 마음에는 원이로되 육신이 약하도다"
(마 26:41).

    십자가를 지기 전날 밤 겟세마네 동산에서 예수님은 배반을 당해 죄인들의 손에 넘겨지시게 되었다. 예수님은 그분의 거룩한 영혼을 제물로 드리는 일을 앞두고 계셨다. 온 인류의 모든 부패와 도덕적 더러움을 한 몸에 짊어지고 십자가로 가서 피를 흘리며 고통 가운데 돌아가실 일이 그분을 기다리고 있었다. 이것은 인류 역사상 가장 중요한 사건으로 기록될 일이었다. 이것은 세계 역사 속에서 일어난 어떤 사건들보다 더 큰 역사적 의미를 갖게 될 사건이었다. 인간에게 일어날 수 있는 어떤 행복과 불행보다 더 큰 행복과 불행이 이 한 사건에 달려 있었다.
    이 큰 사건을 예견하고 그것에 대비하여 준비한 유일한 사람은 물론 예수님이셨다. 이 사건의 주인공이 바로 그분이셨기 때문이다. 이 사건에 대비한 그분의 준비 방법은 하늘과 땅에서 가장 강력한 무기로 알려진 것, 즉 기도였다. 우리 주님은 겟세마네 동산에서 기도하셨다.

위기에 대처하는 주님의 방법

어떤 사람들은 주님을 동정하고 싶어 하지만 우리는 그럴 필요가 없다. 다만 우리는 그분께 감사하면 된다. 그분이 다가오는 위기를 예견한 것에 대해 감사하자. 능력과 에너지의 원천이 되는 기도의 장소로 가서 그 위기에 대비하신 것에 대해 감사하자. 그렇게 하셨기 때문에 주님은 그분께 다가온 '우주적 위기'를 극복하고 승리하셨다. 내가 '우주적 위기'라고 말하는 이유는 그 사건이 단지 이 세상과 인류에 관계된 것이 아니기 때문이다. 그 사건은 광대무변한 우주 전체와 관련 있는 사건이었다.

만유를 자신 안에서 연합시키기 위해, 땅과 하늘을 깨끗하게 하기 위해, 그리고 영원한 새 하늘과 새 땅을 세우기 위해 그분은 겟세마네 동산에서 사투를 벌이셔야 했다. 그날 밤 겟세마네 동산에서 그토록 무거운 짐이 그분의 두 어깨를 짓누르고 있었다. 우주적 사건에 대처하기 위해 주님이 선택한 것은 해 아래서 가장 효과적인 무기로 알려진 방법이었는데 그것은 하나님께 나아가 기도하는 것이었다.

그런 주님과 완벽한 대조를 이룬 것은 바로 그분의 제자들이었다. 위기가 다가오고 있었지만 그들은 전혀 준비하지 않았다. 거기에는 몇 가지 이유가 있었다. 먼저 그들은 위기를 몰랐다. 그것에 관심이 없었다. 영적으로 깨어 있지 않았다. 또한 졸음이 밀려왔다. 이런 이유들 때문에 그들은 아무 대비 없이 시간만 보내다가 결국 위기의 소용돌이에 말려들고 말았다. 그 위기는 역사상 전무후무할 정도로 심각하고 불길한 것이었다.

주님의 제자들은 영적 무감각에 깊이 빠져 있었기 때문에 겟세마네 동산에서의 시간이 얼마나 중요한 것인 줄 알지 못했다. 점점 다가오는 큰 위기를 보지 못했기 때문에 그들은 그것에 대해 전혀 준비하지 못했다. 그리하여 그들 중 한 사람은 주님을 배반했고, 다른 한 사람은 주님을 부인했고, 나머지 사람들은 주님을 버리고 도망했다. 사태의 심각성을 전혀 모르는 그들을 향해 우리 주님은 "시험에 들지 않게 깨어 기도하라 마음에는 원이로되 육신이 약하도다"(마 26:41)라고 말씀해주셨다. 주님의 이 말씀은 큰 반지에 박힌 작은 다이아몬드처럼 반짝 빛났다.

그날 밤 겟세마네 동산에서 주님이 드린 기도는 앞을 내다본 기도였다. 다시 말해서, 하나님의 뜻에 따라 그분께 다가오고 있는 중대한 사건을 내다본 기도였다. 주님은 그 사건에 대비하여 기도로 준비하신 것이다. 그러므로 나는 당신의 양심에 이렇게 호소하고 싶다.

"앞을 내다보고 기도하십시오. 영적 승패는 실제 사건 이전에 이미 기도에서 결정되는 것입니다."

기도에 실패하면 영적 전투에서 실패한다

전쟁 자체보다 더 중요한 것은 전쟁 이전의 준비이다. 이것은 우리가 마음속에 깊이 새겨야 할 진리이다. 인류의 역사와 무수한 사람들의 전기(傳記)가 이 진리를 증언해준다. 한 가지 예를 들면, 제2차 세계대전 때 프랑스가 당한 경우가 그렇다.

제1차 세계대전 중에 프랑스는 "우리의 방어선은 결코 뚫리지 않는다!"라고 소리쳐서 세계를 놀라게 했다. 프랑스의 호언장담대로 그들의 방어선은 뚫리지 않았다. 강력한 군사력을 사용하여 프랑스는 독일의 군대를 막아냈다. 그러나 그로부터 25년이 지난 후 히틀러의 군대가 침략했을 때 프랑스는 총 한 번 제대로 쏘지 못하고 항복했다. 그 이유를 아는 사람은 오늘날까지 별로 없는 것 같다.

왜 프랑스는 힘없이 무너졌을까? 그것은 고목이 말라서 썩어버리듯 정치적으로나 도덕적으로나 영적으로 썩어버렸기 때문이다. "우리의 방어선은 결코 뚫리지 않는다!"라고 큰소리친 이후 프랑스는 썩어버렸기 때문에 히틀러의 탱크들이 밀고 들어왔을 때 힘없이 무너졌던 것이다. 그런데 안타깝게도, 제2차 세계대전 때 프랑스에 패배를 안겨준 잘못된 정신적 태도가 오늘날 프랑스의 정치와 사회에서도 여전히 나타나고 있다.

이는 비단 프랑스뿐만 아니라 프로 권투 선수에게도 해당된다. "권투 선수는 나이트클럽에서 승리를 잃어버린다"라는 말이 있다. 권투의 기량이 최고조에 이른 선수는 자기 관리에 신경 써야 한다. 세계챔피언이 되어 인기 절정에 오른 선수들 중에는 나이트클럽에 들락거리기 시작하는 자들이 있다. 그들은 밤새 술을 마시고 낮에는 잠이 덜 깬 채로 빈둥거린다. 그렇게 시간을 보내다 보면 다음 시합이 다가온다. 시합을 앞두고 훈련에 몰두하지만 이미 나이트클럽에서 보낸 시간이 너무 길었다. 링 위에 올라 힘을 써보지만 5회전을 못 넘기고 무너진다. 사람들은 "저렇게 뛰어난 선수가 주목받지 못한 무명 선수에게 무릎을 꿇는 수모를 당하다니 도저히 이해할 수 없다!"라고 소리친다.

이 선수는 링에 오르기 전에 패배한 것이다. 링에서 의식을 잃고 쓰러진 그를 향해 심판이 케이오(KO) 패배를 선언하기 전에 이미 패배한 것이다. 나이트클럽에서 밤을 새다 시피하며 술을 퍼마실 때 이미 승리를 잃어버린 것이다!

이런 이야기는 이스라엘 민족에게도 적용된다. 구약 시대에 이스라엘이 의로운 상태에서 많은 기도를 하고 전쟁에 나가면 승리했다. 그러나 죄로 가득한 상태에서 기도 없이 전쟁에 임하면 패배했다. 금송아지를 경배했을 때, 앉아서 먹고 마시고 일어나 뛰어놀았을 때, 주변 나라 사람들과 혼인했을 때, 여호와의 제단을 소홀히 하고 나무 아래서 이방 신(神)을 섬겼을 때 이스라엘은 전쟁에서 패했다. 전쟁을 내다보고 미리 준비했더라면 이겼겠지만 그렇지 않았기 때문에 전쟁이 시작되기도 전에 이미 패한 것이다.

1. 다윗의 경우

전쟁이 시작되기도 전에 패배의 구렁텅이에 빠진 경우도 있지만, 전쟁이 시작되기도 전에 이미 승리를 거둔 경우도 있다. 이에 대한 좋은 예가 다윗과 골리앗의 싸움이다. 뺨이 붉고 체구가 작은 다윗은 창 자루가 베틀 채 같은 놋 단창을 어깨 사이에 멘 골리앗을 상대로 싸워야 했다(삼상 17:6,7). 키가 3미터가 넘는 골리앗은 가슴을 두드리며 소리를 질렀다. 그러나 작은 체구의 어린 다윗은 돌 하나로 골리앗을 쓰러뜨렸다. 그리고 그가 들기도 힘든 골리앗의 칼로 그의 머리를 베었다. 그가 골리앗의 머리채를 잡아 그의 큰 머리를 들고 이스라엘 사람들에게로 와서 내려놓았을 때 그들은 뛸 듯이 기뻐하며 환호했다.

그렇다면 다윗은 언제 승리한 것인가? 가슴을 치며 큰소리치는 거인 골리앗을 향해 조용히 나아갈 때였는가? 그렇지 않다. 그 상황에서 다른 사람이 다윗 대신 골리앗에게 맞섰다면, "내게로 오라 내가 네 살을 공중의 새들과 들짐승들에게 주리라"(삼상 17:44)라는 골리앗의 말이 현실이 되었을 것이다. 다윗이 아닌 다른 사람이었다면 골리앗은 그의 말대로 행했을 것이다.

그렇다면 다윗은 다른 사람들과 어떻게 달랐는가? 다윗은 하나님을 아는 젊은이로 사자와 곰을 죽인 경험이 있는 사람이었다. 양떼를 돌볼 때 그는 양떼가 하나님께서 맡기신 것이라고 여겼다. 그는 기도했고 묵상했고 밤하늘의 별을 보고 누워 하나님과 대화를 나누었다. 그런 과정을 통해 그는 하나님에 의해 보냄을 받은 사람은 아무리 강한 적이라도 무찌를 수 있다는 것을 배웠다.

따라서 다윗은 두 산 사이에 있는 평지에서 골리앗에게 맞선 그날 아침에 승리를 거둔 것이 아니다. 승리의 시작은 여러 해 전에 있었던 그의 소년기로 거슬러 올라간다. 어머니에게 기도를 배우고 하나님을 찾아서 알게 되었던 소년의 때까지 거슬러 올라간다!

2. 야곱의 경우

고향을 떠난 지 20년 만에 다시 고향으로 돌아가던 야곱은 그에게 분노하여 그를 죽이려고 하는 형, 에서를 만나야 했다. 20년 전 야곱에게 장자권을 빼앗긴 에서는 그를 죽이려 했고, 야곱은 그런 형을 피해 타지로 도망했다. 그런 야곱이 이제 다시 고향으로 돌아가고 있었던 것이다. 주님은 그에게 다음 날 얍복강 건너편 평지에서 그의 형 에서를 만나게 될 것이라고 알려주셨다.

그 다음 날 야곱과 에서는 평지에서 만났고 서로 부둥켜안았다. 분노로 가득하여 야곱을 죽이려고 했던 에서는 야곱을 용서했다. 야곱이 승리를 거둔 것이었다! 그렇다면 언제 그렇게 되었는가? 얍복강을 건너 그의 형을 향해 걸어간 그날 아침이었는가? 그렇지 않다. 그가 승리를 거둘 때는 그 전날 밤 혼자 하나님과 씨름할 때였다. 그는 에서와의 문제를 정복하기 위해 스스로를 준비시켰다. 다부지고 근엄하고 털이 많은, 숲의 사람 에서는 야곱을 보는 즉시 죽이겠다고 맹세했지만 야곱의 기도 때문에 그의 마음이 바뀐 것이다. 야곱이 강가에서 혼자 하나님께 기도할 때 하나님께서 에서의 마음을 바꾸어주신 것이다. 결론적으로 말해서, 야곱이 에서의 문제에서 승리한 것은 그를 만났을 때가 아니라 그 전날 밤 하나님을 만났을 때이다.

3. 엘리야의 경우

엘리야는 사악한 아합 왕과 이세벨과 모든 바알 선지자들을 물리치고 이스라엘 민족에게 영적 승리와 부흥을 안겨주었다. 그렇다면, 언제 그렇게 한 것인가? 갈멜산에서 바알 선지자들과 대결했을 때인가?

바알 선지자들이 피가 흐르기까지 칼과 창으로 자신들의 몸을 상하게 하며 온종일 그들의 신에게 부르짖었지만 아무 효력이 없었다. 그리곤 시간만 흘러서 저녁 소제를 드릴 때가 되었다. 그러자 엘리야가 나서서 여호와의 제단을 수축하고 짧은 기도를 드렸다. 그의 기도가 얼마나 길었을까? 기도회 때 어떤 사람들은 혼자 20분씩이나 기도해서 다른 사람들의 기도 시간을 빼앗는다. 엘리야가 20분 정도 기도했는가? 아니다. 그의 기도는 요점만 말하는 짧은 기도였다. 60개의 영어 단어로 표현될 수 있을 만큼 짧은 기도였다. 추측건대, 히브리어 단어로 표현하면 더 짧아질 것이다.

갈멜산에서 드려진 엘리야의 기도 때문에 하늘에서 불이 내려왔는가? 그렇기도 하고, 그렇지 않기도 하다. 그의 기도가 없었다면 불이 내려오지 않았을 것이므로 그의 기도 때문에 불이 내려왔다는 말은 맞다. 하지만 그렇지 않기도 한데 왜냐하면 갈멜산 사건 이전에 여러 해 동안 그가 하나님 앞에 나아가 기도하며 교제하지 않았다면 갈멜산에서의 기도는 그의 입술에서 땅으로 곧바로 떨어졌을 것이기 때문이다. 그럴 경우 엘리야는 바알 선지자들의 손에 의해 갈가리 찢어졌을 것이다. 그러므로 엘리야가 영적 싸움에서 바알을 물리친 것은 갈멜산에서가 아니라 길르앗에서이다. 그가 길르앗에서 왔다는 것을 기억하라!

엘리야에 대한 이야기를 읽을 때마다 나는 더욱 힘이 나고 더욱 즐거워진다. 털이 많이 난 이 위대한 사람은 소박한 농부의 차림새로 당당히 아합 왕에게로 걸어갔다. 앞만 보고 걸어가는 그는 궁중에서 어떻게 말하고 어떻게 행동해야 하는지를 알지 못했다. 들판의 냄새와 산의 냄새를 풍기는 그는 소심한 공처가 아합 왕 앞에 서서 이렇게 말했다.

"나는 엘리야입니다. 나는 여호와 하나님을 섬기는 사람입니다. 내가 여기에 온 것은 앞으로 비가 내리지 않을 것이라고 말하기 위함입니다. 내가 비가 올 것이라고 말하기 전까지는 비가 내리지 않을 것입니다."

이 사건은 정말 극적이고 놀라운 사건이다. 그런데 이런 사건이 일어날 수 있었던 것은 그가 여호와 하나님 앞에서 오랜 세월 동안 기도했기 때문이다. 그는 하나님께서 자기를 아합의 궁전으로 보내실 것임을 알지 못했다. 하지만 하나님 앞에서 기도와 묵상과 기다림으로 보낸 오랜 세월이 그에게 그런 사명을 감당하도록 준비시켰다.

위기의 때를 대비하라

예수님과 그분의 제자들, 다윗, 이스라엘 민족, 다니엘 그리고 엘리야 같은 사람들에게 위기가 닥쳤듯이 우리에게도 위기가 닥칠 수 있다. 우리에게 닥칠 수 있는 위기를 몇 가지 살펴보자.

1. 극심한 고난

인류의 역사를 읽어보면, 누구에게나 때때로 고난이 찾아온다는 것을 알게 된다. 사람을 충격과 연약함에 빠뜨릴 수 있는 쓰라린 고난이 닥쳤을 때 일부 그리스도인들은 아무 준비가 되어 있지 않기 때문에 넘어진다. 그렇다면 고난이 그들을 넘어뜨린 것인가?

그렇기도 하고 그렇지 않기도 하다. 고난이 닥치지 않았다면 그들이 넘어지지 않았을 것이므로 고난이 그들을 넘어뜨렸다고 말하는 것은 틀린 말이 아니다. 그러나 다른 면에서 보자면 그들이 고난 때문에 넘어진 것이 아니다. 그것은 고난을 예상하고 미리 준비했더라면 넘어지지 않았을 것이기 때문이다.

잠언은 "네가 만일 환난 날에 낙담하면 네 힘이 미약함을 보임이니라"(잠 24:10)라고 말한다. 왜 힘이 미약한가? 기도를 별로 하지 않기 때문이며, 기도를 한다 해도 그 기도가 부실하기 때문이다. 능력의 기도를 많이 하는 사람은 고난이 닥쳐도 넘어지지 않는다.

2. 교묘한 유혹

종종 유혹은 예상치 못한 때 매우 교묘히 파고든다. 유한한 인간은 교묘한 유혹이 언제 찾아올지 알 수 없다. 하지만 유혹의 가능성을 염두에 두고 미리 기도하면 어떤 유혹이 와도 물리칠 수 있다.

다윗이 유혹을 이기지 못해 밧세바와 범죄한 부끄럽고 비극적인 사건의 뿌리는 언제 시작되었는가? 그가 옥상을 거닐던 그날인가? 결코 그렇지 않다! 그 비극적 사건의 뿌리는 역사에 기록되지 않은 시기에 시작되었다. 다시 말해서, 다윗이 신앙의 잠에 빠져 있던 시기에 시작되었다. 역사가들은 그 시기에 다윗이 무엇을 했는지 알지 못한다. 하지만 나는 그 시기에 다윗이 무엇을 하지 않았는지를 확실히 안다. 그는 하나님을 가까이하지 않았다! 밖에 나가 밤하늘의 별을 보며 "하늘이 하나님의 영광을 선포하고 궁창이 그의 손으로 하신 일을 나타내는도다"(시 19:1)라고 노래하지 않았다!

물론, 신앙의 잠에 빠지기 전에는 그렇게 노래했었지만 그 후에는 그렇지 않았다. 그가 시험 앞에서 무릎을 꿇은 이유는 그 전에 오랜 세월 동안 경건의 훈련을 소홀히 하여 영적 면역력이 무너졌기 때문이다. 유혹의 가능성을 염두에 두고 평소에 기도하는 사람은 유혹에 넘어가지 않지만 그렇지 않는 사람은 유혹 앞에서 무너진다.

3. 마귀의 공격

마귀의 공격을 예상하는 일은 매우 어려운데 그것은 그의 교활함에서 나오는 공격의 다양성 때문이다. 만일 마귀의 공격 형태가 단조롭다면 우리는 그것을 쉽게 알아챌 수 있을 것이다. 마귀의 공격이 단순한 방법과 일정한 스케줄에 따라 진행된다면 그의 정체가 이미 오래전에 인류에게 노출되었을 것이다. 영적으로 미약한 교회에 다니는 교인조차도 그에게 대처하는 법을 터득했을 것이다. 그러나 마귀는 매우 다양한 전술을 구사하며 예측불허의 공격을 감행하기 때문에 자신을 지킬 믿음의 방패가 없는 사람은 치명상을 입게 된다.

야구에서 투수가 1회부터 9회까지 똑같은 구질(球質)의 공을 던지는 경우는 없다. 만일 그런다면 그의 팀은 128 대 0으로 패배할 것이다. 그렇다면 투수는 어떻게 볼을 던지는가? 물론, 여러 구질(球質)을 혼합해서 던진다. 그는 타자가 그의 구질을 예측하지 못하도록 다양한 구질을 혼합한다. 첫 번째 공은 높게, 다음 공은 낮게, 그 다음은 안쪽으로, 그 다음은 바깥쪽으로, 그 다음은 빠르게, 그 다음은 가운데로 낮게 던진다. 이렇게 해야 타자를 아웃시킬 수 있다. 투수의 구질이 다양해질수록 그가 성공할 가능성이 높아진다.

당신은 마귀가 메이저 리그에서 뛰는 투수만큼 영리하지 않다고 생각하는가? 그리스도인을 이기려면 예측 불가능한 공격 방법을 구사해야 한다는 것을 마귀가 모를까? 그가 똑같은 날 같은 방법을 두 번 사용할까? 오전에는 늘 서쪽으로 공격하고 오후에는 늘 동쪽으로 공격할까? 결코 그렇지 않다!

링 위에서 싸우는 권투 선수가 판에 박은 패턴으로 시합을 할까? 예를 들면 첫 번째 일격은 왼손으로 하고, 그 다음 공격은 오른손으로 하고, 그 다음에는 두 걸음 뒤로 물러나고, 그 다음에는 두 걸음 앞으로 나가는 패턴을 반복할까? 이런 식의 패턴을 반복하는 선수는 애송이 권투 선수에게도 패배할 것이다. 노련한 선수는 매우 영리한 방법을 쓴다. 예를 들면 우선 왼쪽으로 공격하고, 다음에는 오른쪽으로 공격하고, 다시 상대방에게 달라붙고, 다시 뒤로 몇 걸음 물러나고, 그 다음에 다시 상대방에게 달라붙어 오른쪽과 왼쪽으로 펀치를 날리고, 그 다음에 페인트 모션을 취하고, 다시 홱 고개를 숙였다가 몸을 상하좌우로 흔들며 공격한다. 요컨대, 그는 상대방의 정신을 쏙 빼놓을 정도로 다양한 전술을 구사한다.

마귀는 오늘은 바산(Bashan)의 황소처럼 당신을 뒤쫓다가 내일은 어린 양처럼 부드러워지다가 모레는 당신을 그냥 내버려둔다. 그런 다음에는 3일 동안 연속 당신을 공격한다. 그 후에는 3주 동안 당신을 다시 내버려둔다. 당신은 마귀가 광야에서 예수님께 세 가지 시험을 한 후에 어떻게 했는지 기억하는가? 이에 대한 성경의 기록을 읽어보자.

"마귀가 모든 시험을 다 한 후에 '얼마 동안' 떠나니라"(눅 4:13).

그렇다! 마귀는 '얼마 동안' 떠났다. 왜 그랬을까? 물론, 예수님이 경계심을 풀도록 만들기 위해서다! 신출귀몰한 공격을 퍼붓는 권투 선수처럼, 노련한 야구 투수처럼 마귀는 온갖 종류의 전술을 구사한다. 그렇기 때문에 마귀의 공격을 예상하는 것이 결코 쉽지 않다. 그가 다음번에 어떤 전술로 나올지 아는 것이 매우 어렵다.

따라서 우리의 최선의 전략은 마귀가 언제나 우리를 노린다는 것을 늘 의식하며 기도하는 것이다. 깨어서 기도하며 하나님을 가까이하면 마귀가 지극히 다양한 방법으로 접근한다 할지라도 그를 이길 수 있다. 우리는 그가 우리 앞에 나타나는 날에 승리하는 것이 아니라 그 전날에 승리해야 한다. 우리를 넘어뜨리기 위해 그가 정오에 찾아온다면 우리는 이미 오전에 승리해야 한다.

무방비 상태로 당하지 말라

지속적으로 승리하기를 원하는가? 그렇다면 당신 마음의 문설주에 어린양의 보혈이 마르지 않도록 하라. 여호와 하나님이 광야에서 이스라엘 민족을 밤낮으로 인도하실 때 사용하신 구름 기둥과 불기둥이 항상 당신의 머리 위에 머물게 하라. 무방비 상태로 있다가 당하지 않도록 항상 전투복을 입고 있어라.

아직도 당신은 아침에 늦게 일어나 시계를 보고 "너무 늦어서 오늘은 기도하지 못하겠네"라고 중얼거리며 밖으로 뛰어나가는가? 부득이 그렇게 해야 한다면 신약성경을 가지고 뛰어나가라. 휴식시간이나 점심시간이 되면 잡지나 신문을 읽지 말고 대신 신약성경을 읽고 머리를 숙여 하나님께 기도하라. 어느 곳에서라도 잠깐이나마 기도하라. 랠프 커쉬먼 감독(Bishop Ralph Cushman, 1879~1960)이 쓴 〈아침에 만난 하나님〉이라는 글을 읽어보자.

하루 중 제일 좋은 시간이 아침이니
아침에 하나님을 만났다.
뜨는 해처럼 그분의 임재가 찾아와
내 가슴에 큰 기쁨을 채웠다.

하루 종일 그분의 임재가 떠나지 않았고
온종일 그분이 나와 함께하셨으므로
저 거친 바다를
온전한 평안 중에 항해했다.

다른 배들은 폭풍의 강타로 인해 상하여
그들의 마음이 심히 괴로웠지만,
그들의 배를 때린 폭풍 속에서도
내게는 평안과 안식이 넘쳤다.
그때 다른 아침들이 내게 생각났고
내 마음에 후회가 가득하였으니,
서둘러 정박장(碇泊場)을 떠나느라
그분의 임재 없이 출항하였던 때라.

그러므로 이제 비결을 알았고
수많은 실패와 어려움에서 깨달음을 얻었노라.

온종일 그분과 함께하려면
아침에 그분을 만나야 한다는 것을!

수요일에 기도하지 않아서 목요일에 링 바닥에 드러눕는 일이 없도록 하라. 기도 없이 월요일을 보내 화요일에 케이오(KO) 패를 당하는 수모를 겪지 말라. 오전 7시에 기도를 빼먹으면 오후 3시에 원수 앞에 무릎을 꿇게 된다. 기도의 필요성과 기도의 능력을 깨달아 날마다 최고의 승리를 얻기 위해서 우리가 알아야 할 네 가지 사항에 대해 살펴보자.

1. 가만히 있어도 일이 잘 돌아가리라 착각하지 말라

마귀가 당신을 얼마 동안 그냥 내버려두고 당신에게 별 어려움이 없고 당신의 마음이 그럭저럭 즐겁고 신령(神靈)한 상태에 있을 때 조심하라. 그럴 때 낙관적 생각에 빠져 기도생활을 등한히 하기 쉽기 때문이다.

죄와 마귀와 질병과 죽음이 이 땅에 가득하기 때문에 낙관적 생각은 금물이다. 우리가 살아가는 세상은 건강하고 건전하고 유익한 세상이 아니다. 우리의 영적 건강에 협조적인 분위기를 만들어주는 세상이 아니다. 이 간악한 세상은 우리를 하나님께 이끌고 가는 우호적 친구가 아니다. 오히려 그 반대이다. 가만히 있어도 모든 것이 잘될 것이라는 생각을 버리고 항상 최악의 경우에 대비하여 기도하라. 그러면 어떤 방향에서 원수의 공격이 시작되더라도 능히 물리칠 수 있게 된다.

2. 마귀에게 속지 말라

"만사가 태평하므로 기도할 필요가 없다. 마귀를 너무 신경 쓸 필요가 없으니 오늘은 기도를 쉬고 수요일에 기도하자"라고 말하지 말라. 그렇게 말하는 사람은 이미 마귀에게 속은 것이다. 우리는 마귀에게 속아서는 안 된다. 과거나 현재에 대량학살과 폭정(暴政)을 일삼는 정부들은 마귀에게 통치 기술과 대중 조작을 배워서 그렇게 하는 것이다. 우리는 마귀에게 결코 속아서는 안 된다.

마귀가 미소 짓고 있다고 착각해서는 안 된다. 귀스타브 도레(Gustave Dore, 1832~1883. 프랑스의 미술가) 같은 미술가가 그린 마귀의 그림을 보고 "마귀가 악하게 보이지는 않는데 … 어쩌면 마귀는 산타클로스나 잭 프로스트(Jack Frost, 서리 또는 겨울을 상징하는 가상적 인물)처럼 사람들이 만들어낸 공상적 존재일지도 몰라"라고 말하지 말라. 마귀가 어느 때에라도 공격해올 수 있다는 것을 명심하고 항상 깨어 기도하라. 마음은 원이로되 육신이 약해서 넘어지는 일이 없도록 늘 대비하라.

3. 지나친 확신에 빠지지 말라

지나친 확신 때문에 싸움에서 패배하는 사람들이 적지 않다. 사업하는 사람들 중에도 그런 사람들이 있다. 자기를 믿는 사람들은 그리스도를 바라보지 않고 자기의 능력을 의지한다. 하지만 인간의 능력은 마귀의 능력에 비하면 매우 보잘것없다. 우리는 언제나 그리스도를 믿고 그분의 능력을 의지해야 한다. 우리의 힘으로 할 수 있다고 생각하면 비참한 결과에 직면하게 된다.

교활한 마귀는 우리가 자신을 믿도록 만든다. 마귀는 자신의 목적을 이루어 의기양양한 사람에게 다가와 "바로 그거다! 네 능력으로 얼마든지 성공할 수 있다"라고 속삭인다.

4. 기도의 능력을 과소평가하지 말라

예수님은 "깨어 기도하라!"(마 26:41)라고 말씀하셨고 몸소 그렇게 실천하셨다. 예수님이 왜 승리하셨는가? 기도를 습관적으로 하셨기 때문이다. 나사가 풀린 것처럼 자꾸 잘못된 방향으로 나아가는 세상을 사랑의 그물로 붙잡았기 때문이다. 예수님의 보혈로 우리를 속량하셨기 때문이다. 예수님이 왜 승리하셨는가? 저 무섭고도 영광스러운 십자가 사건에 대비하여 그 전날 밤에 기도로 준비하셨기 때문이다. 산에서 기도하는 습관을 평소에 유지하셨기 때문이다. 성장기의 오랜 세월을 기도로 보내셨기 때문이다.

기도 없이는 결코 승리할 수 없다는 것을 기억하라. 기도가 있으면 결코 패배할 수 없다는 것도 기억하라. 물론, 기도로 승리하려면 그 기도가 진정한 기도여야 하고, 당신이 당신의 기도에 부합하는 삶을 살아야 한다. 단지 입술로만 드리는 기도는 아무 효력이 없다. 다시 말하지만, 기도에 실패하면 승리는 없다. 우리 주님은 '미래에 대비한 기도'의 모범을 보여주셨다. 항상 깨어 기도하여 하나님을 가까이하는 것이 '미래에 대비한 기도'이다.

다음은 아이작 왓츠가 쓴 〈십자가 군병 되어서〉(새찬송가 353장)이다.

십자가 군병 되어서 예수를 따를 때
무서워하는 맘으로 주 모른 체 할까.

뭇 성도 피를 흘리며 큰 싸움하는데
나 어찌 편히 누워서 상 받기 바랄까.

이 죄악 많은 세상에 수많은 원수들
날 유혹하고 해치나 내 주만 따르리.

나 면류관을 쓰려고 몸 바쳐 싸울 때
주 내게 용기 주시사 이기게 하시네.

승리의 그날 이르러 십자가 군병들
개가를 불러 영광을 주님께 돌리리.

나의 주 그리스도 나를 속량했으니
나 십자가를 벗은 후 저 면류관 쓰리.

chapter **15**

영적 무감각에서 벗어나
목적 있는 삶을 살라

"믿음의 주요 또 온전하게 하시는 이인 예수를 바라보자 그는 그 앞에 있는 기쁨을 위하여 십자가를 참으사 부끄러움을 개의치 아니하시더니 하나님 보좌 우편에 앉으셨느니라"(히 12:2).

그리스도인이 승리의 삶을 살지 못하도록 방해하는 큰 요인들 중 하나는 잘못된 개념이다. 다시 말해서, "요한복음 3장 16절에 복음의 모든 것이 담겨 있다. 내가 요한복음 3장 16절을 믿고 예수 그리스도를 구주로 영접했으므로 이제 나는 천국행 비행기를 '자동조종장치'로 해놓고 뒷좌석에 앉아 편안히 천국으로 가면 된다"라는 개념이다. 이런 생각에 사로잡힌 채 신앙생활을 하는 사람은 언젠가는 큰 환멸을 느껴서 낙심하게 될 것이다.

그리스도인의 신앙생활에서 자동조종장치 같은 것은 없다. 그리스도인은 매사에 믿음으로 살아야 한다. 그런 믿음의 선택은 우리 영혼의 원수의 강력한 도전에 직면하게 될 것이다. 자동조종장치에 의해 신앙생활이 가능하다고 믿는 사람은 영적 무감각에 빠질 가능성이 매우 높다. 영적 무감각은 마치 폭군 같기 때문에 그것의 손아귀에서 벗어나는 일은 지극히 어렵다. 따라서 우리는 영적 무감각에서 벗어나는 것을 가장 시급한 일로 여겨야 한다. 어떤 대가를 지불하더라도 영적 무감각에서 벗어나야 한다.

나는 영적 무감각의 여러 측면을 다루는 방법들을 소개하기 위해 노력했다. 사실, 오늘날 복음주의자들의 가장 큰 문제는 다양한 문제를 일으키는 그들의 영적 무감각이다. 이 책의 마지막 장(章)에서 나는 이 영적 속박에서 벗어나 하나님의 기쁨과 영광과 계획의 밝은 햇살로 나아가기를 원하는 사람들에게 힘을 주는 조언을 제시하고 싶다.

자신의 영적 상태부터 살펴야 한다

당신에게 우선 필요한 것은 영적 무감각의 위험성을 깨닫는 것이다. 만일 어떤 것이 위험하다는 사실을 알지 못하면 그것을 멀리하지 않을 것이다. 그것을 피하기 위한 조치를 취하지 않을 것이다. 그것에 대해 관심을 갖지 않고 그것을 조심하지 않을 것이다. 이런 부주의와 무관심은 영적 무감각의 독버섯이 자랄 수 있는 좋은 토양이다.

무엇보다 중요한 것은 나 자신부터 살피는 것이다. 다른 사람들의 영적 무감각을 지적하는 것은 쉽다. 사실, 대부분의 그리스도인은 다른 사람들의 영적 무감각은 잘 찾아내면서도 자신의 영적 무감각은 의식하지 못한다. 우리는 다른 사람들의 결점을 눈치 채는 데는 선수이지만, 하나님 앞에서 자신의 상태를 살피는 데는 둔감하기 짝이 없다. 예수님께서 당시의 종교 지도자들을 다음과 같이 비판하셨다는 것을 기억하라.

"어찌하여 형제의 눈 속에 있는 티는 보고 네 눈 속에 있는 들보는 깨닫지 못하느냐 너는 네 눈 속에 있는 들보를 보지 못하면서 어찌하여 형제에게 말하기를 형제여 나로 네 눈 속에 있는 티를 빼게 하라 할 수 있느냐 외식하는 자여 먼저 네 눈 속에서 들보를 빼라 그 후에야 네가 밝히 보고 형제의 눈 속에 있는 티를 빼리라"(눅 6:41,42).

예수님 당시의 종교 지도자들과 똑같은 잘못을 우리도 범할 수 있다는 사실을 깨닫고 우리 자신을 살펴야 한다. 나는 타인과 우리 자신에 대해 어떤 태도를 취해야 할지를 가르쳐주는 좋은 교훈을 하나 발견했다. "다른 사람들에게는 관대하고 자신에게는 엄격하라"는 것이 바로 그 교훈이다. 종종 우리는 다른 사람들의 잘못을 질타하면서 그들의 잘못과 똑같은 잘못을 우리 자신에게 용납한다.

그렇다면 어떻게 해야 할까? 성실하신 성령님을 의지하며 그분께 "성령님, 제가 제 잘못을 온전히 깨닫도록 저를 철저히 살펴서 말씀해주소서"라고 기도하면 된다. 하나님은 당신을 무척이나 사랑하시기 때문에 당신의 잘못을 반드시 고쳐주신다.

믿음의 대가를 치르라

성령님은 성실하시기 때문에 당신의 영적 상태를 드러내주신다. 그러므로 성령님께 귀를 기울이고 그분의 인도하심을 따르라. 그리고 어떤 대가를 치르더라도 영적 무감각에서 벗어나겠다고 엄숙히 서원하라. "네가 하나님께 서원하였거든 갚기를 더디게 하지 말라 하나님은 우매한 자들을 기뻐하지 아니하시나니 서원한 것을 갚으라"(전 5:4)라는 솔로몬의 교훈을 기억하라.

이것을 가장 잘 실천한 사람들 중 하나는 노리치의 줄리언 여사(Lady Julian of Norwich, 약 1342~약 1416. 영국의 신비가)이다. 그녀는 "오, 하나님! 제게 세 가지 상처를 주소서. 뉘우침의 상처를 주시고, 자비의 상처를 주시고, 하나님을 갈망하는 상처를 주소서"라고 썼다. 그리곤 다음과 같은 짧은 추신을 덧붙였다.

"아버지여, 이 세 가지 상처를 구하는 제 기도에 아무 조건도 붙이지 않습니다. 제 기도대로 행하소서. 그렇게 하실지라도 저는 아무 불평 없이 받아들이겠습니다. 어떤 대가를 치르더라도 받아들이겠습니다."

이 추신이야말로 내가 읽은 가장 아름다운 글 중 하나이다.

하나님께서 모든 것을 다 하시고 우리는 가만히 앉아서 편하게 영광에 들어가기를 원하는 경향이 우리 그리스도인들에게 있다. 물론, 그리스도께서 우리의 속량을 이루기 위해 모든 대가를 지불하신 것은 사실이다. 하지만 우리는 하나님과 날마다 동행하기 위해 요구되는 대가를 자발적으로 지불해야 한다. 당신은 그러할 준비가 되어 있는가?

목적 있는 그리스도인의 삶의 영향력

하나님과 동행하기 위해서는 기독교 공동체와의 관계를 잘 설정해야 한다. 물론, 모든 신자는 기독교 공동체에 속해야 한다. 하지만 우리는 기독교 공동체가 우리의 영적 성장에 부정적으로 작용하지 않도록 조심해야 한다.

우리가 이해하기 힘든 것들 중 하나는 기독교가 민주주의가 아니라는 것이다. 그리스도와 동행하기 위해서는 그분께 온전히 복종해야 한다. 그 이상도 아니고 그 이하도 아니다. 우리의 삶에서 나타나는 성령의 인도하심에 따르기 위해서 우리는 때때로 홀로 걸어야 한다. 사실, 홀로 걷는다는 것은 우리 인간의 본성에 썩 부합하는 것이 아니다. 하지만 때때로 우리는 일반 사람들의 모임뿐만 아니라 신자들의 모임까지도 멀리하고 홀로 걸어야 한다.

성령님이 우리의 삶에서 활동하기 시작하실 때 우리는 우리가 기독교 공동체를 변화시킬 수 있다고 믿게 된다. 그러나 우리가 기독교 공동체를 변화시키려고 시도할 때 공동체는 우리에게 반격을 가한다. 그리하여 공동체가 변하는 것이 아니라 우리가 변하게 된다. 다시 말해서, 우리가 공동체의 기준을 우리의 기준으로 받아들이게 된다. 심지어 기독교 공동체도 때로는 군중심리에 영향을 받는다. 오늘날 죽은 교회들이 왜 그토록 많은가? 그것은 군중심리가 교회를 좌지우지하기 때문이다.

당신은 공동체를 변화시킬 수 없다. 공동체를 변화시키는 것은 가능성의 범위를 넘어서는 일이다. 하지만 당신은 당신 자신을 변화시킬 수 있다. 좀 더 정확히 말하면, 당신을 변화시키려는 성령의 인도하심에 순종할 수 있다. 당신이 순종하면 변화는 당신의 삶 중심에서 일어난다. 그런 내적 변화는 점점 확산되어 외적인 것들까지 변화시킨다.

당신의 변화가 진정한 변화라면 당신 주변의 모든 사람에게 영향을 미칠 수 있다. 진정한 변화, 즉 영적 각성은 공동체 때문에 일어나는 것은 아니지만 공동체에 강력한 영향을 줄 수 있다. 당신의 삶의 변화는 공동체의 변화를 낳을 수 있다. 작은 불이 점점 커져서 주변의 모든 것을 불타게 만드는 것처럼, 내적인 영적 각성은 우리를 통해 흘러나가 우리 주변의 모든 사람들에게 영향을 주어 결국에는 공동체의 변화를 이끌어낼 수 있다.

자신의 내적 변화를 통해 공동체의 변화를 이끌어내는 그리스도인의 삶을 가리켜 나는 '목적 있는 그리스도인의 삶'이라고 부르고 싶다. 목적 있는 그리스도인의 삶은 성경의 교리와 명령을 실천하여 공동체를 변화시키는 삶이다.

영적 무감각에 빠진 그리스도인은 목적 없는 게으른 삶을 살게 된다. 그러나 그리스도를 본받는 삶을 사는 것이 우리 그리스도인의 의무이다. 우리는 세상 사람들처럼 보이거나 행동해서는 안 되고, 그리스도처럼 보이고 그분처럼 행동해야 한다. 그리스도께서 성령의 나타나심과 능력으로 행하신 것을 본받아 우리도 그렇게 행해야 한다.

'목적 있는 그리스도인의 삶'은 성령의 능력에 의해 가능하다. 이런 삶을 살 때 우리는 현재 우리 주변의 문화에 끌려가지 않는 생활 방식을 유지할 수 있다. 이전 세대의 그리스도인들이 가르쳐주었듯이 우리는 '구별된 사람들'이다. 그렇다! 세상에서 구별되어 하나님께 바쳐진 사람들이다. 그렇다면, 이런 사람들에게 요구되는 목적 있는 그리스도인의 삶을 살기 위해 필요한 몇 가지를 살펴보자.

1. 믿음

'믿음'은 마술적 주문(呪文)이나 의식(儀式)이 아니다. 믿음은 지속적으로 자신을 쳐서 복종시키는 가운데 성경을 읽고 기도하는 경건의 결과로 얻어지는 것이다. 안타깝게도, 하루에 성경 한 구절만 읽으면 마귀를 물리칠 수 있다고 생각하는 사람들이 너무 많다. 이런 잘못된 생각은 거의 미신적 수준의 생각이기 때문에 반드시 극복되어야 한다.

하나님의 말씀, 즉 성경을 읽는 것을 대신할 수 있는 일은 없다. 성경을 읽을 때는 무릎을 꿇고 읽으면 더 좋다. 성경 읽기의 진행 상황을 달력에 표시해놓으면서 읽으면 더욱 좋은데 이런 노력은 반드시 열매를 가져다 준다. 내 경우를 보면, 성경을 읽다가 특별히 내 마음에 기쁨을 주면서 내 마음을 끄는 절이 있다. 그런 절을 만나면 내 정신은 온통 그 절에 집중된다. 이런 경우에 나는 다른 계획을 뒤로 미룬 채 깊은 묵상으로 들어간다. 그 구절을 붙잡고 조용히 하나님을 기다리면 성령님이 그 말씀에 임하시어 나를 그분과의 깊은 교제 속으로 끌고 들어가신다.

오늘날 믿음에 대한 여러 설명들이 있지만 많은 경우 그것들은 성경적 믿음의 정의(定義)에서 벗어나 있다. 우리는 성경에서 벗어난 모든 교훈을 거부해야 한다. 믿음은 당신이 원하는 보물이 잔뜩 들어 있는 방으로 들어갈 수 있도록 문을 열어주는 열쇠가 아니다. 믿음은 구원받은 사람이든 구원 받지 못한 사람이든 누구나 사용하면 효과를 볼 수 있는 마술적 주문이 아니다. 하나님은 그런 주문에 응답해야 할 의무가 없으시다. 믿음을 주문처럼 사용하려는 것은 종교적 광기(狂氣)이며 마녀의 마술에 가깝다.

무릎을 꿇고 성경을 앞에 펴놓고 하나님을 온전히 자신의 삶에 받아들이는 사람들의 영혼에서 믿음이 솟아난다고 나는 굳게 믿는다.

2. 순종과 헌신

목적 있는 그리스도인의 삶의 또 다른 부분은 '순종'이다. 내가 볼 때, 순종의 문제에서 실패하는 사람들이 많다. 하나님께 온전히 순종하기 위해서는 그분의 음성을 분명히 들어야 한다. 하나님의 음성을 분명히 듣기 위해서는 그분의 말씀, 즉 성경을 잘 알아야 한다. 구약 시대의 아브라함은 하나님의 음성을 분명히 들었기 때문에 그분께 온전히 순종할 수 있었다. 순종의 삶을 살기 위해서는 '들을 수 있는 귀'가 우리에게 있어야 한다.

순종의 문제와 더불어 생각해야 할 것은 '헌신'이다. 헌신은 하나님의 말씀에 확실히 순종하는 것이다. 온전히, 절대적으로, 아무 단서도 붙이지 않고, 헌신의 결과를 생각하지 않고 내 삶을 하나님께 바치는 것이 헌신이다.

어떤 사람들은 그들의 삶의 99퍼센트를 하나님께 바치고 나머지 1퍼센트는 자기의 것으로 챙겨두려고 한다. 그러나 하나님은 모든 것의 주인이 되셔야 한다. 하나님께 전부 드리지 않으면 그분은 우리의 주인이 아니시다. 우리 자신의 100퍼센트를 그분께 드리지 않았다면 우리는 그분이 받으실 만한 것을 전혀 드리지 않은 것이다. 우리의 아버지는 부분적 헌신을 받지 않으신다. 왜냐하면 우리의 전부를 원하시기 때문이다.

3. 순수함

목적 있는 그리스도인의 삶의 또 다른 부분은 '순수함'이다. 순수해지기 위해서는 종교적 장식품(裝飾品)을 탐닉하는 습관에서 벗어나야 한다. 복음주의 교회가 만들어낸 불필요한 종교적 장식품의 덫에 걸린 많은 그리스도인들은 그리스도께서 원하시는 믿음의 삶으로 나아가지 못한다.

다시 말하지만, 순수한 삶은 종교적 장식품에의 탐닉에서 벗어난 삶이다. 목적 있는 그리스도인의 삶은 문화나 종교의 요소들에 오염되지 않은 삶이다. 우리의 삶을 순수한 삶으로 만들려면 우리 주 예수 그리스도의 권위를 받아들여야 한다. 그분의 권위를 거부하면 순수한 삶은 불가능해진다. 목적 있는 그리스도인의 삶을 살 때 나는 그분의 순수함에 집중하게 된다. 그럴 때 그분은 다른 어떤 것들이 끼어들지 않은 상태에서 나를 통해 그분의 삶을 살아가신다.

언뜻 들으면, 이런 것이 불가능하다고 여겨질 것이다. 사실 솔직히 말해서, 육신적으로는 불가능하다. 내가 그리스도인의 삶을 살기 위해 노력할수록 나는 그만큼 더 종교적 장식품의 늪에서 헤어나지 못한다. 그러나 내가 그런 종교적 장식품을 거부하고 그것의 영향력에서 벗어나면 하나님께서는 그분의 목적과 계획에 따라 나를 통해 일하실 수 있다. 이것에 대해 사도 바울은 갈라디아서에서 다음과 같이 말했다.

"내가 그리스도와 함께 십자가에 못 박혔나니 그런즉 이제는 내가 사는 것이 아니요 오직 내 안에 그리스도께서 사시는 것이라 이제 내가 육체 가운데 사는 것은 나를 사랑하사 나를 위하여 자기 자신을 버리신 하나님의 아들을 믿는 믿음 안에서 사는 것이라"(갈 2:20).

그렇다! 이제는 내가 사는 것이 아니라 영광의 소망이신 그리스도께서 내 안에서 사시는 것이다.

하나님의 영원한 은혜를 누려라

목적 있는 그리스도인의 삶을 살기 위해 온전히 노력하는 우리에게는 한 가지 큰 위로가 있다. 그것은 우리를 향한 '하나님의 마음'이다. 가장 오랜 시간 동안, 다시 말해서 영원히 우리에게 가장 좋은 것을 주기를 원하는 것이 바로 하나님의 마음이다.

하나님께서 나와 당신의 삶에서 오늘 이루시는 것은 오늘만 의미가 있는 것이 아니라 영원토록 의미가 있다. 십자가에 달려 계실 때 예수 그리스도는 우리를 생각하셨다. 그리스도께서 갈보리 언덕에서 눈물을 흘리신 것은 바로 우리 때문이었다!

히브리서 기자는 예수님이 그분 앞에 놓여 있는 기쁨을 위해 십자가를 참으셨다고 말한다. 그의 말을 들어보자.

"믿음의 주요 또 온전하게 하시는 이인 예수를 바라보자 그는 그 앞에 있는 기쁨을 위하여 십자가를 참으사 부끄러움을 개의치 아니하시더니 하나님 보좌 우편에 앉으셨느니라"(히 12:2).

예수님 앞에 놓여 있는 기쁨은 어떤 기쁨이었는가? 그것은 그분을 믿고 의지해서 그분의 신부(新婦)가 될 모든 사람들 때문에 얻을 수 있는 기쁨이었다. 그렇다! 예수님은 언제나 우리를 생각하셨다.

하나님은 우리의 삶에 그분의 은혜의 햇살을 충만히 비추어주기를 원하신다. 그런데 그렇게 되려면 우리가 우리 자신이나 사람을 기쁘게 하지 말고 우리 주 예수 그리스도를 통해 하나님께 완전히 순종하고 절대적으로 헌신해야 한다. 완전한 순종과 절대적 헌신이 '목적 있는 그리스도인의 삶'에 이르는 길이다.

호레이쇼 리치몬드 팔머(Horatio Richmond Palmer, 1834~1907)가 쓴 찬송가 〈너 시험을 당해〉(새찬송가 342장)를 읽어보자.

너 시험을 당해 죄 짓지 말고
너 용기를 다해 곧 물리치라.
너 시험을 이겨 새 힘을 얻고
주 예수를 믿어 늘 승리하라.

네 친구를 삼가 잘 선택하고
너 언행을 삼가 늘 조심하라.
너 열심을 다해 늘 충성하고

온 정성을 다해 주 봉사하라.

잘 이기는 자는 상 받으리니
너 낙심치 말고 늘 전진하라.
네 구세주 예수 힘 주시리니
주 예수를 믿어 늘 승리하라.

우리 구주의 힘과 그의 위로를 빌라.
주님 네 편에 서서 항상 도우시리.

믿음에 타협은 없다

초판 1쇄 발행	2012년 10월 26일
초판 8쇄 발행	2023년 2월 28일
지은이	A. W. 토저
옮긴이	이용복
펴낸이	여진구
편집	이영주 박소영 최현수 안수경 김도연 김아진 정아혜
책임디자인	마영애 노지현 조은혜 이하은
홍보·외서	진효지
마케팅	김상순 강성민
마케팅지원	최영배 정나영
제작	조영석
경영지원	김혜경 김경희 이지수

303비전성경암송학교 박정숙
이슬비전도학교 / 303비전성경암송학교 / 303비전꿈나무장학회

펴낸곳   규장

주소 06770 서울시 서초구 매헌로 16길 20(양재2동) 규장선교센터
전화 02)578-0003   팩스 02)578-7332
이메일 kyujang0691@gmail.com   홈페이지 www.kyujang.com
페이스북 facebook.com/kyujangbook   인스타그램 instagram.com/kyujang_com
카카오스토리 story.kakao.com/kyujangbook
등록일 1978.8.14. 제1-22

ⓒ 한국어 판권은 규장에 있습니다.
이 출판물은 저작권법에 의해 보호를 받는 저작물이므로 무단 전재와 무단 복제를 할 수 없습니다.

책값 뒤표지에 있습니다.
ISBN 978-89-6097-284-1   03230

규 | 장 | 수 | 칙

1. 기도로 기획하고 기도로 제작한다.
2. 오직 그리스도의 성품을 사모하는 독자가 원하고 필요로 하는 책만을 출판한다.
3. 한 활자 한 문장에 온 정성을 쏟는다.
4. 성실과 정확을 생명으로 삼고 일한다.
5. 긍정적이며 적극적인 신앙과 신행일치에의 안내자의 사명을 다한다.
6. 충고와 조언을 항상 감사로 경청한다.
7. 지상목표는 문서선교에 있다.

하나님을 사랑하는 자 곧 그의 뜻대로 부르심을 입은 자들에게는 모든 것이 合力하여 善을 이루느니라(롬 8:28)

규장은 문서를 통해 복음전파와 신앙교육에 주력하는 국제적 출판사들의 협의체인 복음주의출판협회(E.C.P.A:Evangelical Christian Publishers Association)의 출판정신에 동참하는 회원(Associate Member)입니다.